JN084331

大江戸トイレ事情

根崎光男

まえがき

人間が生きていくうえで欠かせないものに、「食べる」ことと「排泄する」ことがある。食べた物を分解・吸収し、体に必要な栄養分と水分を吸収したのち、その老廃物を大小便として排泄する。排泄は私たち動物にとって欠かせない生理現象であり、その場となる施設がトイレということになる。皆さんは、このトイレをどのように呼んでいるだろうか。本書は、江戸のトイレ事情を描き出すことを目的としているが、まずはそのタイトルについて思案することになった。現在の名称としては、主にトイレ・便所・お手洗い・洗面所・化粧室がよく使われており、これ以外にもさまざまなものがある。

いっぽう、昔の呼称を調べてみると、厠《かわや》（川屋・側屋）・雪隠《せっちん》・後架《こうか》・憚《はばかり》・手水場《ちょうずば》・御不浄《ごふじょう》・大便所・小便所・惣雪隠《そうせっちん》・惣後架《そうこうか》などがあり、このほかにもさまざまな名称があった。江戸時代にトイレを指し示す代表的な呼び名があったかといえば多分なかったと思われ、その言葉は時代や地域（あるいは設置場所）によってまちまちであり、実に多様であった。そこで本書では、歴史や地域をあまり背負わず、現在、普通に使われている外来語としての「トイレ」を主に用いることにした。

ところで、現代の日本に生きる私たちからすれば、トイレというものはあって当たり前なのだが、世界に目を向ければ世界人口の半数以上が安全に管理されたトイレを使用できていない（二〇二一年七月一日付でＷＨＯとユニセフ〔ＵＮＩＣＥＦ・国連児童基金〕が水と衛生に関する共同監査プログラム〔ＪＭＰ〕による報告書を発表）。不衛生なトイレや汚れた水はコレラや赤痢など恐ろしい感染症の原因にもなっており、全世界で安心・安全に管理されたトイレの設置は大きな課題となっている。だからこそ、ＳＤＧｓの六番目の目標にも「安全な水とトイレを世界中に」が掲げられ、その目標達成に向けた取り組みが世界中でおこなわれている。

そのなかにあって、今や、日本は温水洗浄便座により世界のトイレ便座をリードしており、温水洗浄機能・乾燥機能・便座暖房機能・消臭機能、そして公共のトイレのなかにはトイレ用の擬音装置まで付いているものがあり、さらに進化を遂げている。その一般世帯普及率は、八〇・二パーセントとなり（二〇二〇年三月、内閣府調べ）、多くの人々がその恩恵にあずかっている。

さて、わが国のトイレの歴史をさかのぼってみると、縄文時代（約一六〇〇〇年前〜約三〇〇〇年前、諸説あり）、福井県若狭町の鳥浜貝塚や青森県青森市の三内丸山遺跡からは「トイレ空間」が見つかり、前者では糞石が出土し、後者では寄生虫卵が検出されている。それらの空間に建屋はないが、一定した排泄場所が存在していたようである。また、弥生時代の遺跡からは下水道のような構造も見つかっており、排泄施設としてのトイレが成立していたと考えられている（『トイレの考古学』大田区立郷土博物館、一九九七年）。

七世紀末の藤原京跡の発掘調査ではいくつかのトイレ遺構が見つかり、土坑形汲取式トイレ遺構や弧状溝形水洗式トイレ遺構が確認され、それらの土中からは寄生虫卵も検出された。そして、平安時代になると、貴族は樋箱《ひばこ》という「おまる」を使用していたが、庶民は当初、トイレ施設を使っていなかったものの、しだいに穴を掘ってつくった汲み取り式のトイレを使用するようになった。

鎌倉時代には、人の糞尿が農耕の肥料として用いられるようになっていたことが絵画資料からもうかがい知れる。そのため、糞尿を河川などに直接流すのをやめて、汲み取りができるトイレが普及するようになった。そして、江戸時代になると、都市部ではその糞尿が商品化されるようになり、その周辺農村に運ばれて下肥として利用された。

明治時代になると、人々は欧米文化の摂取とともにトイレの臭さと汚さを解消して清潔さを追求するようになり、また楽な排便のために西洋式便座も取り入れられるようになった。そして、化学肥料の登場によって糞尿の下肥としての役割が終わり、糞尿は廃棄物として処理されることになった。このため、大正時代からは浄化槽や下水道の整備により水洗式トイレがしだいに普及していくことになったのである。

ところで、現在の私たちはトイレで用を済ませると、その排泄物が水に流され、その後どのように処理されているのかもわからなくなってきている。しかし、江戸時代には糞尿がトイレに溜められて汲み取られ、その掃除人を介して農村に運ばれ肥料として利用されてきた。この間、糞尿をめぐってトイレをつくる人、排泄する人、管理する人、汲み取る人、運ぶ人、商う人、肥料として利用する人など、最低限でもこれだけの人々が介在していた。こうして、人と糞尿・トイレとのかかわりはその相互関係ばかりでなく、人と人とが取り持つ社会関係をも映し出していた。

いっぽう、日本の歴史上、糞尿（下肥《しもごえ》）は人間が生きていくうえできわめて重要なものでありながら、臭さや見た目から不衛生で汚いものとして嫌われてきた。とくに、江戸時代にあっても、糞尿は忌避される対象でありながら、肥料的価値の高まりによって重宝され商品として流通していた。こうした糞尿がもつ両義的意味合いは、トイレにも通じ、必要なものでありながら、嫌われるものでもあった。これこそが、糞尿やトイレが背負った歴史的宿命であり、そうであることによってさまざまな歴史を築いてきたといえよう。

そこで本書では、糞尿やトイレのもつ両義的意味合いを意識しながら歴史資料をひもとき、そこから見える歴史や文化、そして人々の動向をできるだけ明らかにしていきたいと考えている。具体的には、糞尿やトイレの社会的位置づけ、排泄の仕方を含むトイレ利用の多様性、トイレにかかわる習俗や文化、糞尿やトイレにまつわる人々の動向などについてである。

つぎに、大都市に特有な公衆トイレのありようを深く掘り下げていきたいと考えている。誰がどのような目的をもって設置・運営し、その手続きはどのようなものであったのか。また排泄された糞尿をどのように処理していたのか。さらにトイレ設置を受け入れる江戸住人の反応はどのようなものだったのかなど、解明していかなければならない課題が数多くある。もちろん、公衆トイレは江戸の居住者や外部地域からの流入者・訪問者などの行動文化と密接にかかわるものであり、都市の衛生環境やインフラの整備としても重要なものであったにちがいない。

また、江戸とその周辺農村とは、支配のうえでは区分されていたが、トイレに排泄された糞尿（下肥）は都市とその周辺農村とをつなぐものであり、一つのまとまりある領域として捉えることが可能であり、それらの間の共生や物質循環の相互作用についても考えてみたい。

このように、本書ではトイレの歴史をひもときながら、江戸という大都市のトイレを俯瞰することによって、そこで織りなされる人と糞尿・トイレをめぐる政治・経済・社会・文化などの諸関係を明らかにし、その際の人と人との社会関係や都市と周辺農村との相互関係にも目を向けてみたいと思っている。

目　次

まえがき

第一部　江戸のトイレ事情……………………………………………………1

第一章　江戸のくらしとトイレ　3

一　糞尿とトイレの呼称 1 ／二　武家と町人のトイレ比較 8 ／三　江戸と京坂のトイレ比較 14 ／四　江戸住人のトイレ観 18 ／五　立小便の横行とその規制 23 ／六　トイレの落書きと広告 28 ／七　神仏にみられるトイレの神様 37

第二章　江戸の下掃除と下肥輸送　43

一　廃棄物としての下肥輸送 43 ／二　下肥の商品化とその輸送 49 ／三　下掃除と下掃除人 51 ／四　下肥の取引と市場規模 57 ／五　下肥輸送と船持仲間 66 ／六　武家出入百姓と下掃除 75 ／七　尾張徳川家の下掃除と堀江家 77

第三章　下肥値下げ運動の展開　81

一　寛政期の下肥値下げ運動 81 ／二　化政期の下肥値下げ運動 99 ／三　天保・弘化期

の下肥値下げ運動 102 ／四 慶応期の下肥値下げ運動 116

第四章 江戸の町と農村の下肥取引 127

一 多摩郡押立村の下肥取引 127 ／二 豊島郡角筈村の下肥取引 130 ／三 荏原郡上野毛村の下肥取引 132 ／四 荏原郡下丸子村の下肥取引 136 ／五 多摩郡吉祥寺村の下肥取引 149 ／六 荏原郡太子堂村の下肥取引 143 ／七 豊島郡徳丸本村の下肥取引 147

第二部 江戸の公衆トイレ事情……………………………………153

第一章 江戸の公衆トイレ 155

一 行動文化と公衆トイレ 155 ／二 貸雪隠と借雪隠 157 ／三 隠居大名の公衆トイレ利用 159 ／四 物見遊山と借雪隠 163 ／五 芝居見物と茶屋のトイレ 167 ／六 小便所から小便溜桶へ 172

第二章 公衆トイレの設置と市民生活 175

一 近世前期の公衆トイレ 175 ／二 近世前期の公衆トイレ経営 178 ／三 臨時の小便所 181 ／四 河岸の公衆トイレ 183 ／五 自身番所と公衆トイレ 187 ／六 近世後期の公衆トイレ設置人 190

第三章 江戸の公衆トイレと都市衛生 193

一 下肥の需要と価格の高騰 193 ／二 小便溜桶の設置願い 198 ／三 小便汲み取りの渡世とその維持 201 ／四 小便溜桶設置と町奉行所の対応 204 ／五 公衆トイレの経営と管

理　209／六　公衆トイレの大規模経営　213／七　近代東京の公衆トイレ　215

終章　江戸の糞尿・トイレの両義性　229

主要参考文献　233

あとがき　239

第一部　江戸のトイレ事情

第一章　江戸のくらしとトイレ

一　糞尿とトイレの呼称

糞尿は動物の排泄物であり、それぞれが生きていくうえで必要不可欠な生理現象の産物でもある。いっぽう、トイレは排泄のための施設であり、人間生活にとっては大変便利なものである。トイレは人間に特有なものではなく、タヌキ・テン・モグラなどのようにトイレ空間をつくっている動物たちの存在もよく知られている。それどころか、今や、飼い主が飼育動物のためにトイレを用意している場合もあり、人間以外のトイレ施設も珍しいものではなくなっている。

そこで、まず人間の排泄物の呼称について確認してみよう。この排泄物には、大別して「大便」と「小便」があり、「大便」は『広辞苑』第四版によれば「肛門から排泄する、食物のかす」とあり、「小便」は「血液中の老廃物などが腎臓で濾過されて、水分と共に対外に排出されるもの」と説明されている。いずれも体にとっては必要がなくなった不要物だが、それぞれまったく違う過程を経てつくられたものである。この排泄物には、さまざまな呼称があり、時代や文化を反映しているものが多い。

さて、「大便」には、「屎《し》」、「糞《くそ》」、「下《しも》」、「便」、「糞便」、「大《だい》」、「うんこ」、「うんち」などの呼称があり、「小便」には「尿《にょう》」、「小《しょう》」、「おしっこ」などの呼称があった。そして、大便と小便を合わせたものとして「大小便」のほか、「屎尿《しにょう》」、「糞尿《ふんにょう》」、「大小用」、「両用」などの使い方もある。なお、「うんこ」、「おしっこ」は本来幼児語で、「うんこ」の「うん」はいきむ声、「こ」は接尾語である。また「おしっこ」の「お」は接頭語の「御」を意味する美化語で、「し」は小便を表す女性用語「しし」、あるいは「しーしー」に由来し、「っこ」は「こ」と同じく接尾語である。これには、「しっこ」、「しい」の転訛もある。

つぎに、排泄物を示す漢字を考えてみることにする。「屎」は食べた米が排泄されたものとして大便を意味し、また「尿」は飲んだ水などが排泄されたものとして小便を示すもので、中国最古の王朝である殷《いん》（紀元前十七世紀頃―紀元前一〇四六年）の甲骨文字に起源をもつといわれる。「屎」の漢字を分解すれば、「尸」と「米」になり、「尸」は「屍」（しかばね）で、「屎」は米の屍の意、つまり米の死体・死骸、なきがらということになる。「屎」という漢字は常用漢字ではないため、通常の文章ではあまり用いられることはなく、大小便を合わせた「屎尿」も今日では「し尿」と表記されることが多い。

「糞」は「くそ」、「ふん」と読むことが多いが、字義としては「こやし」や「こえ」の意味をもっていた。「糞」は「畑にばらまくさま」＋「両手」の会意文字で、漢字の成り立ちからいえば排泄物というよりも肥料としての意味合いが強い。また、「糞」の字の本来的な意味は、『説文解字』（『説文解字注』浙江古籍出版社、二〇一〇年）によれば「糞」を「棄除地」と定義し、『説文解字注』（上記に同じ）には「古謂除穢曰糞。今人直謂穢曰糞」（昔は穢れを除くことを糞と言ったが、今の人は穢れそのものを糞という）とある。排泄物とはかけ離れた「穢れを取り除く」意から「穢れそのもの」へと変化していき、あとから「くそ」の意味合いが付加されてきたようである。

「下」は「しも」であり、『広辞苑』第四版によれば、「身体の腰部より下の部分。特に陰部を指すこともある」、また「転じて、糞。大小便。また、月経」と説明されている。これは、下半身の意から下半身の器官からの排泄物そのものに転じていったようである。

「便」の音読みには、「べん」と「びん」があり、訓読みでは「たより」となる。これには、「たより・知らせ・手紙」、「都合がよい」、「くつろぐ」、「安らか」、「すなわち」、「大便・小便」など、実にさまざまな意味がある。そこで、「便」の漢字をひもといてみると、「人」＋「更」からなる会意文字ということになる。その意味としては、「人が台座を手で力を加えて平らにする」ことであり、転じて「人があらためる・かえる」という意味をもつようになり、そこから「人の都合の良いようにかえる」状態をあらわすようになったとみられる。つまり、人が都合よく変えていくことで、より便利になっていくという意味合いに近づいていったようである。

いっぽう、「便」には古くから「用を足す行為・排泄物」の意味として使われてきたが、なぜこのような意味になったのかについては不明な点が多い。おそらく、大小便が支障なく出ることは、体からの「知らせ」であり、排泄によって「都合がよい」「安らか」などの状態になるという意味を含んでいたのではないだろうか。つまり、大小便としての「便」という言葉の意味合いは、人が排泄をするとすっきりした状態になるということを含んでいたように思われる。

長い歴史のなかで、トイレについても便所、厠《かわや》、雪隠《せっちん》、後架《こうか》、東司《とうす》、東浄《とうちん》、西浄《せいちん》、手水場《ちょうずば》、御手洗《みたらい》、御不浄《ごふじょう》、閑所《かんじょ》、憚《はばかり》、化粧室、洗面所など、さまざまな呼称が成立した。また共同・共用のトイレにも、惣後架、惣雪隠、屎別所《しべっしょ》などという呼称があった。これらは、大便・小便のいずれであっても使用する場合の呼称であり、別に男性の小便用のトイレとして小便所、小便溜桶《ためおけ》などの呼称もあった。「便所」の語源は、髪を整える場所としての「鬢所《びんしょ》」や仏教由来の「便利な所」に由来するなどの諸説があるが、まだ確定するにはいたっていない。

「厠」は、「川屋」とも書かれるように、本来的には川の上に掛けて作った小屋の意であり、すなわち大小便をするところであった。縄文時代や弥生時代の遺跡には、川に板を張り出して排泄していたことがわかるものがあり、そこに小屋が作られるようになると厠（＝川屋）と呼ばれるようになり、飛鳥時代には川を屋内に引き込んで排泄していた場所をこのように呼んでいた。『古事記』には、水の流れる溝の上にトイレが設けられていたことが記述されており、「かわや」の語源は川の上に掛け渡した屋（建物）の意味で「川屋」の説が有力となっている。しかし、トイレは母屋の側に設けることが一般的であったことから「側屋《かわや》」とする説もある。

「雪隠」は「せっちん」とも「せついん」とも読み、その語源には諸説がある。南北朝時代から室町時代にかけての臨済宗の僧である義堂周信《ぎどうしゅうしん》の『空華集《くうげしゅう》』によれば、唐の雪竇禅師《せっちょうぜんじ》が霊隠寺《れいいんじ》の厠をつかさどったところから由来するとも、同じく唐の禅師雪峰義存《せっぽうぎぞん》が厠を掃除して大きな悟りをひらいた故事に由来するとも伝えられる。また禅宗では、法要儀礼の際に法堂・仏殿の西側に並ぶ者を「西序《せいじょ》」といい、西序が使う便所を「西浄」（せいじょう・せいちん）といった。これと対になるのが、東序の使用する「東浄」（とうじょう・とうちん）である。「西浄」の説は西浄の宋音「せいちん」が転じて「せっいん」となり、雪隠の字が当てられたともいわれている。

「後架」は「こうか」、または「ごか」と読み、『広辞苑』第四版では、「禅寺で僧堂の後に掛け渡して設けた洗面所。その側に便所があり、総じて便所の意となる」とあり、もともと洗面所の意であったが、これに付属する便所が主体として認識されるようになり、便所の意に変移したようである。

「手水場」は、『広辞苑』第四版によると、「厠の傍の手を洗う所」とあり、転じて便所をも指すようになった。手水場の「手水」は「ちょうず」とも「てみず」とも読み、これは神社や寺院において参拝前に手や口を清める水、またはその行為を指すものであった。それをおこなう施設は手水舎（ちょうずや・てみずや・ちょうずしゃ・てみずしゃ）と呼ばれる。なお、「ちょうず」の読み方は「てみず」の転訛であるともいわれている。

さらに、トイレの異称として背屋《せや》、外、カド、閑所などもあり、これらは雪隠・後架と同じように「中心」と対立する「周縁」的な用語となっているのが特徴といえよう。古くは、本来、トイレの場所が母屋から離れていたところにあったことを示唆しているように思われる。このほか、トイレを意味する漢字として、溷《かわや》、圂《かわや》、圊《かわや》などもあり、これはトイレで豚を飼って人糞を飼料にして育てることと関連したものであり、そうした飼育文化は奄美・沖縄地域でみられた。

このように、わが国のトイレの呼称はさまざまであり、それぞれが歴史や宗教・文化とかかわって成立していたのである。

二　武家と町人のトイレ比較

江戸時代、人々の暮らしのなかでトイレは必要なものであったが、どこにでも設置されていたものではなかった。江戸の町では、武家や商家を問わず、その屋内にトイレがつくられていたが、棟割長屋では個別の屋内ではなくその外側に共同便所がつくられていた。また道路などには不特定多数の人々が利用する公衆トイレも設置されていた。

そこで、武家屋敷と町人屋敷のトイレを比較しながら、その位置づけを考えてみることにする。まず武家屋敷として、「旗本上ケ屋敷図」（東京都公文書館蔵、『新編千代田区史』通史編）所収の「進藤三左衛門元屋敷図」（図1）を用いて考えてみることにする。この屋敷図は、幕府が江戸時代後期のかなり長期間にわたって集積した図面を、明治政府が自らの利用のために再整理したものと考えられている。

ここで対象とする進藤家の屋敷は、江戸の表六番町（現東京都千代田区）通りの北側にあった。

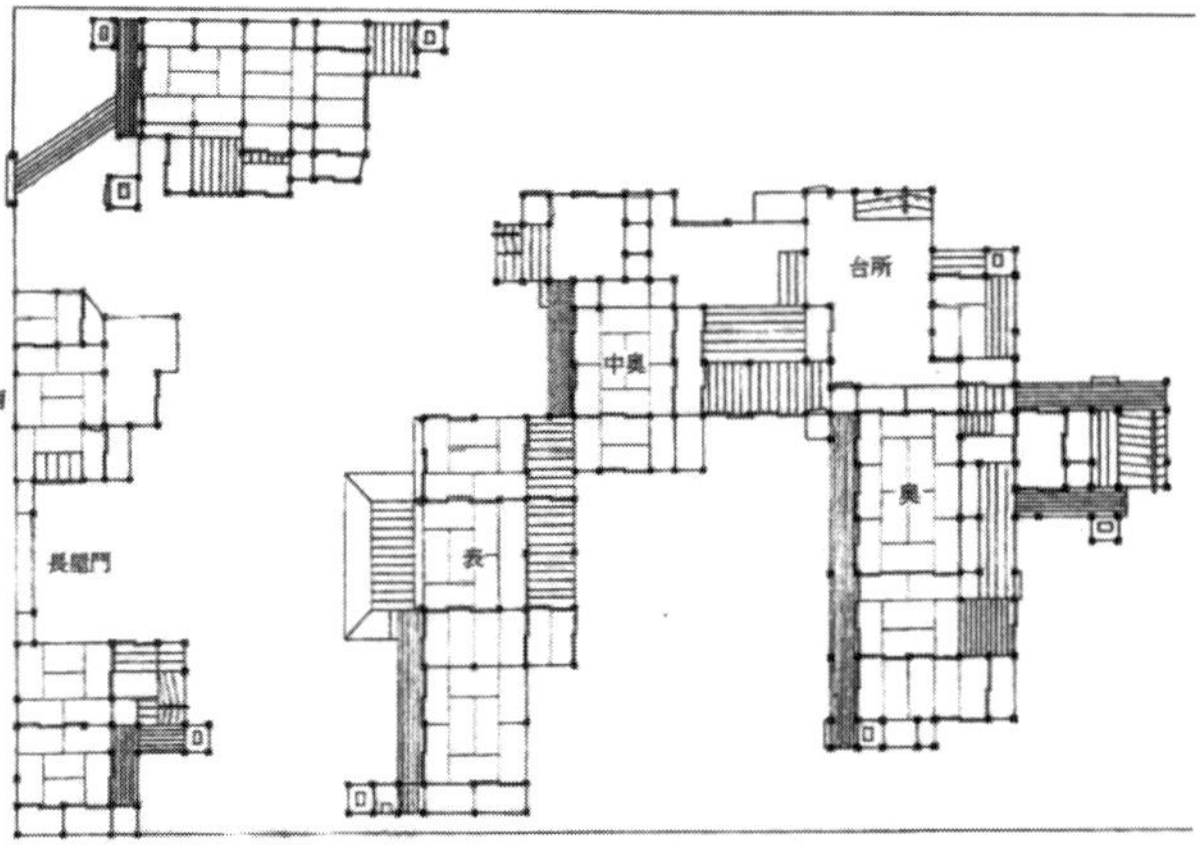

図１　武家屋敷のトイレ（『新編千代田区史』通史編）

進藤氏は江戸時代のはじめから番方勤めであり、家禄は七〇〇石、主に書院番に列することが多かった（『新訂寛政重修諸家譜』第五）。しかし、江戸時代後期の三左衛門は西丸御徒頭をつとめていた。屋敷地は五一二坪で、家禄高に見合った大きさであった。建物は「八拾六坪五合　住宅向、三拾七坪　長屋向」とあり、主人家族が居住する主屋《おもや》と家臣住居の長屋とからなっていた。なお、長屋には道路沿いの表長屋とその西側の長屋とがあった。

　主屋は、大別すると公的な接客空間である「表」、主人の公務を含む生活空間である「中奥」、夫人の生活空間である「奥」、そして「台所」から成り立っていた。トイレはそうした代表的な居住空間内に位置づくことはなく、いずれもそれらの部屋から離れた片隅におかれていた。それはトイレの臭いや汚さから遠ざかるためであったとみられる。「表」空間の周りには来客用とみられる大便・小便用のトイレが一カ所ずつ、「奥」空間の周りに二カ所、「中奥」・「台所」空間の周りに一カ所ずつが設けられていた。家臣の長屋の場合も、トイレは居住空間から離れた片隅に位置づけられ、表長屋の周りに一カ所、西側長屋の周りに三カ所設けられていた。長屋ごとのトイレの数がかたよっているのは居住人数の差によるのではないかとみられる。このように、トイレはいずれも縁側の延長線上にあって入るのに便利な場所に位置づけられていたが、他の居住空間とは離れた場所に存在していた。

つぎに、商家として浅草の札差であった泉屋甚左衛門店（住友史料館蔵、『台東区史』通史編Ⅱ）を取り上げる。泉屋は姓を住友といい、江戸時代においては大坂で銅鉱業・銅精錬・銅貿易をおこなっていた豪商であり、延享三年（一七四六）には金融業にも進出し、江戸浅草に出店を設けて「浅草米店」と呼ばれる札差店を開業していた。やがて江戸有数の店となり、同店支配人は泉屋甚左衛門を通称とした。そして、近代になると、より多角化を推し進め、住友財閥を築いていった。

浅草の泉屋甚左衛門店はその一部が二階建てであったが、図2はその一階部分の平面図である。いわゆる大店であった浅草の住友泉屋は、屋敷が表の店と奥（裏）の居住区（主人家族用と奉公人用とに分離）は別棟で、家の構造上も営業スペースと生活空間とが分離していた。一階の道路側に店の入り口があり、それを入ると土間があり、樫の板縁越しに接客用の店空間が広がり、土間には客用の雪隠が二カ所あった。また土間の奥深くには「お得意様接待用」とみられる次之間と奥之間があり、そ

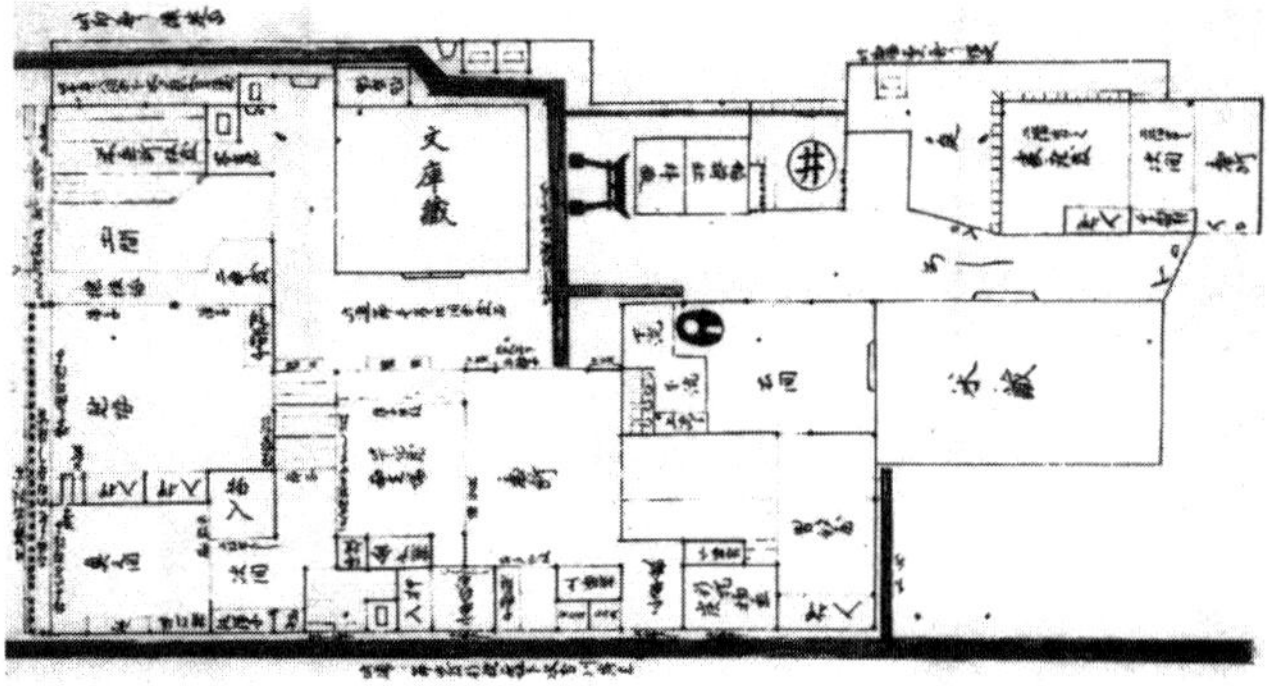

図２　商家のトイレ（『台東区史』通史編Ⅱ）

の手前に雪隠が一カ所あった。

この店の敷地は、間口に比べて奥行が長く、二階建ての建物に、その奥の路次を進むと拝殿・稲荷社・井戸・庭があり、台所など主人家族用の居住空間があり、は裏座敷・次之間・台所など主人家族用の居住空間があり、雪隠も付属していた。いっぽう、路次の反対側には奉公人用の男部屋や雪隠も二カ所あり、米蔵・行灯《あんどん》・炭の物置などもあった。このように、一階には六カ所の雪隠があり、その対象ごとに客用・奉公人用・主人家族用の三種類に分けられていた。客用のトイレは土間を隔てて店の近くにあったが、主人家族用・奉公人用のトイレは居住空間から離れたところに位置づき、主人家族用と奉公人用とは共同利用していなかったものとみられる。

ちなみに、江戸の豪商・越後屋の江戸店には、「客便所」・「惣客便所」・「台所便所」の三種類のトイレに分けられており（『江戸の暮らしと仕事大図鑑』朝日新聞出版、二〇一九年）、前述した泉屋の浅草米店と比較してみても似通ったトイレの組み立てになっていたのである。

最後に、日本橋の白木屋が通三丁目新右衛門町南側（現東京都中央区）に所有していた棟割長屋を確認する。新右衛門町は日本橋通りから東の新場橋に抜ける街路南側の東西に続く両側町であり、白木屋は日本橋に開業した呉服店で近代的な百貨店へと発展した老舗であった。昭和三十一年（一九五六）、東京急行電鉄（現東急）の経営に移り、東急百貨店日本橋店となった。

図3は、白木屋所有の裏店の平面図（伊藤好一『江戸の夢の島』）である。長屋全体の敷地は約一七一坪であり、一五軒の裏店と六カ所の地貸がある棟割長屋であった。道路から長屋の路次に入って進むと、その中心部分に少しばかりの空間があり、ここに三連の共同便所と芥溜《ごみため》・井戸とが隣り合っていた。そして、その突き当りの中程に小さな庭付きの家守《やもり》（家主・大屋）の住居があり、長屋を管理していた。惣雪隠・芥溜・井戸は住民の共同利用であり、長屋の中心に置かれていた。しかし、それらが隣り合っていたのは衛生的に問題であり、井戸への細菌の侵入は避けられなかった。

道路に面した個々の間取りは、九〜一〇坪の広さであったが、奥まった先の間取りは三〜五坪程度の借家が軒を連ねていた。三坪といえば畳で六畳分であるが、「九尺二間」（間口九尺＝約二・七メートル・奥行二間＝約三・六メートル）といわれるもっとも狭い住居の大きさであった。ここには、一・五畳程度の土間と四畳半の部屋があり、土間には水瓶《みずがめ》や竈《かまど》があって食事のための煮炊きがおこなわれていた。

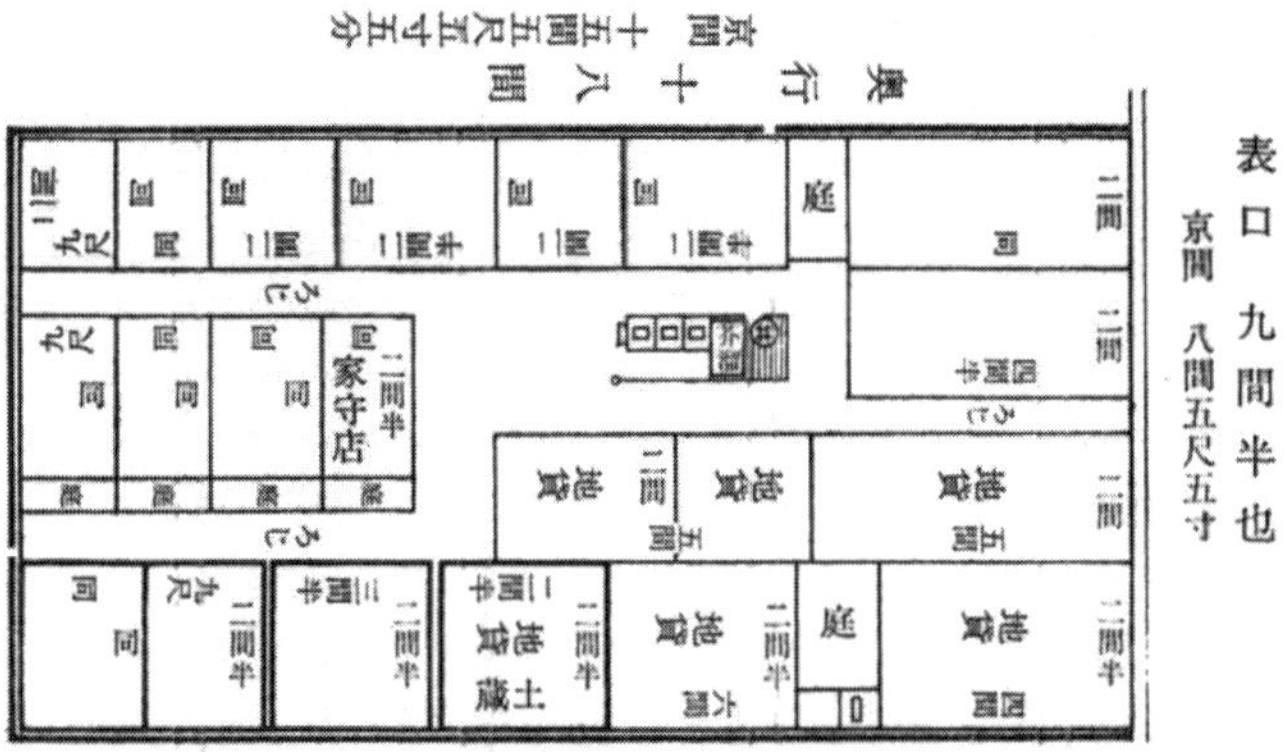

図3　裏長屋のトイレ（伊藤好一『江戸の夢の島』1982年）

このように、武家屋敷にせよ、町屋敷にせよ、屋敷内のトイレは原則として「表」や「奥」の座敷に置かれることはなく、それらに付属する形で片隅におかれていた。トイレは、その臭気性や汚穢《おわい》性といった特性から少し離れたところに置かれ、「裏」の存在として位置づけられていたが、人の暮らしには欠かせないものであるためにその身近に位置づいていた。

民俗学の成果によれば、「家の表側が、玄関や座敷という改まり威儀を正した公的空間領域であるのに対し、裏側は台所、厠、厩《うまや》、納戸、竈、倉といった、暗く汚いイメージの伴ったいわば私的な領域であり、また直接生命にかかわる領域でもある。（略）厠は異なるものが出会い、交差し、変換する特別な空間であることが予想される。しかも、厠は、日常的な世界では、暗い否定的なイメージが付与され、排除されがちであるが、こうした否定性を媒介にして、心や世界の全体性を認識する上で重要な役割を果たしていることが考えられる」（飯島吉晴『竈神と厠神―異界と此の世の境―』、一九八六年）とあり、家屋内におけるトイレの位置づけや役割といった特性が指摘されている。やはり、トイレは「表」の存在ではなく、「裏」の私的領域に属するものであり、生命維持にかかわる領域でもあったのである。

ところが、長屋の共同便所は敷地の目立つ場所に置かれてその出入りがわかるようになっており、「裏」ではなく「表」の存在として位置づけられていた。これは、公衆トイレと共通しており、往還の道筋や辻・橋詰などといった誰からも見えるところに設置されることで、その存在を気づかせることが宿命づけられていた。長屋の共同便所の利用はその住人に限定されることが多かったが、住人以外の人々がまったく利用できなかったわけではなく、一部は開放されていた。それに比べれば、江戸の公衆トイレは不特定多数の人々が利用するところであり、その開放性はきわめて高かった。だからこそ、江戸周辺の農民たちは町々の許可を得て公衆トイレを自費で設置し、糞尿を回収し下肥として利用しようとしていたわけである。

三　江戸と京坂のトイレ比較

喜田川守貞（本名・北川庄兵衛）が著した「守貞謾稿」（『近世風俗志』）は、天保八年（一八三七）の起稿で、嘉永六年（一八五三）冬に「概略・目録」とともに編集された。そして、最終的には慶応三年（一八六七）に一部加筆して擱筆《かくひつ》したものと考えられている。この書は、守貞自身が見聞した民間の事物や風俗を広く収集・分類し考証して、絵入りで自身の見解を明らかにしているのが特徴となっている。そして、この書のなかには「厠《かわや》」の項目があり、江戸と京坂のトイレについての異同の考証結果が示され、江戸後期における両地域の風俗の違いを知ることができる。少し長文になるが、ここに記しておきたい。

厠《かわや》　俗に雪隠《せっちん》と云ふ。京坂俗は、常に訛《なま》りて「せんち」と云ふもあり。婦女は「こうか」、あるひは手水場《ちょうずば》と云ふなり。男も人前等には、てうづばと云ふなり。

江戸にては、男女ともに常に「こうか」と云ふなり。また、てうづばとも云ふ。「せついん」と云ふは稀なり。

長屋と号して一宇数戸の小民の借屋には、毎戸に厠を造らず、一、二戸を造りて数戸の兼用とするなり。これを京坂にては、惣雪隠《そうせんち》と云ふ。江戸にては、惣《そう》がうかと云ふ。

京坂、惣雪いんは皆勘略ぶき。周りおよび二戸なるは、半《なか》の隔てともに壁を用ひ、床ありて戸も全くに長し。江戸の惣かうかは、さん瓦ぶき、あるひはこけらぶき。周り羽目板壁、無床にて、戸も半戸なり。戸にひじつぼと云ふ鉄具を用ひず、細き一材を裁《(割)》てこれを巡らし、戸をこれに打つ。図のごとし。また図のごとき一宇二戸の厠を二疋立《ひきだて》と云ふ。一宇一戸を一疋立と云ふ。

三都ともに毎戸にあるものは周りを壁にし、前に窓などを穿《うが》ち、ひばこと名付けて中央を穿ち、四方を板にす。惣厠には左右に板を架すのみ。屎《し》を取るに、前方の板を上げ去りてこれを汲む。
自らにある厠は床下の外面に口を設けて、これを囲ひて屎を汲むなり。三都とも専らこの制なり。

まず、守貞が考証したのは、江戸と京坂におけるトイレの呼称についての違いである。守貞によれば、京坂では雪隠のことをいつも訛って「せんち」と呼んでいたという。しかし、女性たちは「後《こう》架《か》」や「手水場」と呼び、男性たちも人前では「手水場」と呼んでいたようである。ところが、江戸では男女とも通常、「こうか」や「てうづば」と呼んでおり、「せついん」と呼ぶのは稀であったと記述されている。

また長屋では、大体一〇数戸共同のトイレが造られていたが、これを京坂では「惣《そう》雪隠《せんち》」といい、江戸では「惣後架《そうごうか》」と呼んでいたという。こうした共同トイレは、一つの建物に二つのトイレがしつらえられているもの（一宇二戸）を二疋立といい、一つの建物に一つのトイレであるもの（一宇一戸）を一疋立といった。

つぎに、守貞が考証したのは江戸と京坂における長屋の共同トイレの構造についての違いである。図4によれば、京坂の共同トイレは屋根が簡略葺《ぶ》き、その周囲や二連のトイレの仕切りも設けられ、塗り壁であった。またトイレの内部には床があってその中央に樋箱《ひばこ》の穴が開いており、入口の戸も室内全体が見えないように閉める構造になっていた。簡略葺きとは、本葺き瓦の平瓦と丸瓦を一体化した桟《さん》瓦で葺いたものである。本葺きに比べて、使用する瓦の量が少なくできるため屋根の重量を軽くでき、また費用を安く抑えることができるという利点があった。

いっぽう、江戸の共同トイレは屋根が桟瓦葺《さんがわらぶ》き、あるいは柿葺《こけらぶ》きであり、周囲は羽目板による壁であった。トイレの内部に床はなく、地面に空けた穴の左右に踏み板を渡してそれを跨《また》ぐ形で排泄をおこなっていた。入口の戸は下半分だけの戸で、上半分は空いており、トイレを覗くと使用者がいるかどうかが確認できた。そして、戸には肘壺《ひじつぼ》と呼ばれる金具をつけず、材木を細く裁断して組み合わせたものを戸に打ち付けて、これで戸の開閉をした。

これらの共同トイレについて、三都ともに共通するのは、建物には屋根があってその周りに壁があり、建物の入り口には開閉できる戸があり、そのなかに排泄する施設がつくられていたということである。またトイレの床下の外側に排泄物の取り出し口を設け、通常はこれを囲っておき、糞尿を取り出すときだけ囲いを外して汲み取っていた。なお、踏み板式のトイレでは、この踏み板を取り外し

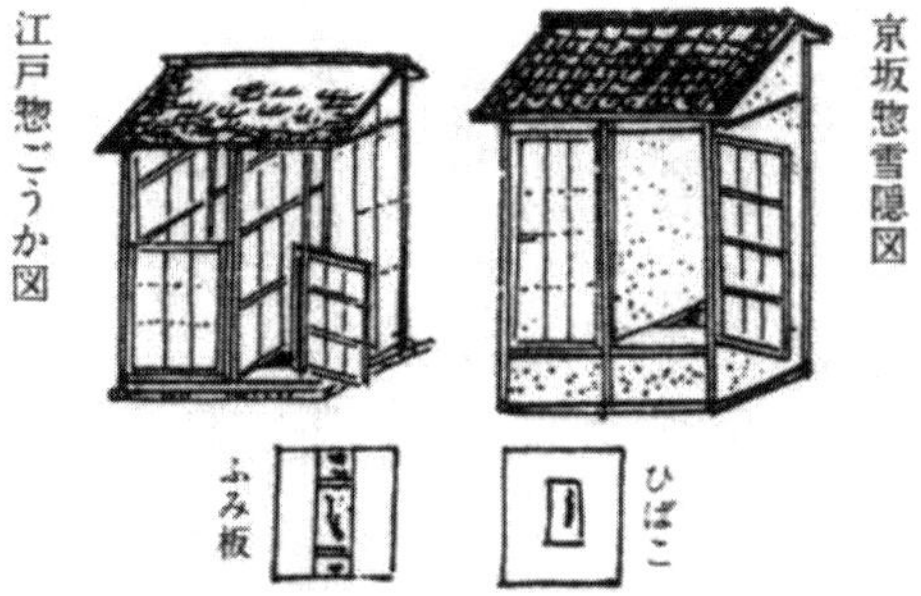

図４　江戸と京坂の惣雪隠
（喜田川守貞『近世風俗志〔一〕（守貞謾稿）』）

て汲み取ることになっていたのである。

四　江戸住人のトイレ観

江戸の町で排泄された糞尿については、主として江戸周辺農村における下肥利用という観点からの言説が中心であり、江戸の住人が糞尿やトイレをどのように認識していたのかについての言及はほとんどみられない。確かに、江戸と周辺農村との下肥利用による物質循環の問題は都市の持続可能性を考えるうえでも重要な視点である。しかし、都市の衛生環境を考えるうえで糞尿の処理や公衆トイレの普及もまた重要な視点であろう。

そこでまず、明治五年（一八七二）一月二十七日、東京府が下肥の運搬について、その周辺村々の正副戸長に触れた通達を現代文に語訳すると、つぎのようなものであった（『東京市史稿』市街篇五十二）。

下掃除の者たちは、これまで白昼に人の往来がはげしい道路でも、肥桶に蓋《ふた》をすることなく糞桶を運搬するのが普通であった。だからといって、人々はこれに疑問を抱くこともなかったが、その実態ははなはだ不潔であった。とくに、東京の中心に天皇のお住まいである皇居が位置づき、長く続いた風習も全国に影響をおよぼすことになったので、そうした不潔な風習は改めるべきである。よって今後は糞桶の蓋をつくって臭気が洩れないように気をつけて密閉せよ。万一、この規則に背き、蓋のない糞桶を使用している者がいた場合には、取締組が見つけしだい捕まえることにするので、このことを理解して下掃除商売をしている者たちへ洩れなく説諭しなさい。

従来の下掃除の際の下肥輸送は、頻繁な往来がある路上でさえも糞桶に蓋のないまま運搬するのが一般的であった。ところが、明治の世になって江戸が東京と改まり、東京の中心に天皇がお住まいになる皇居が位置づいたことで、それまでの臭気に満ちた不潔極まりない蓋なし糞桶運搬の風習は改められることになった。このため、糞桶の蓋をつくって臭いが洩れないように密閉することが命じられたのであった。そして、これを徹底するため、明治初年の警察組織である取締組が取締りにあたることになったのである。これも、都市衛生の近代化の一つであったといえよう。

それでは、江戸の住人たちは下肥やトイレというものをどのように認識していたのであろうか。江戸時代の後半になると、江戸市中の往来の道筋や橋詰などに公衆トイレが造られるようになったが、その申請の際町奉行所は町年寄を経由して町方の者たちにその設置の可否について意見を求めた。天明四年（一七八四）四月、江戸周辺の農民たちが小便溜桶の設置を願い出た際、町奉行所はその設置における支障の有無を町方住民に諮問し、その回収された意見にはつぎのようなものがあった（『江戸町触集成』第八巻、第八九七二号）。

①　小便溜桶が設置されると、「往来之障《さわり》」になる。

②　夜間や火災発生の際には小便溜桶につまずいて怪我をする可能性がある。

③　店前に小便溜桶があると、商品の受け取りや売捌きにも支障が出る。
④　道幅が狭い場所に小便溜桶を設置されると、商品の仕分けにも支障をきたす。
⑤　御成の道筋に小便溜桶を埋設されると、「不浄」であり、かつ将軍の「御目障《おめざわり》」にもなる。
⑥　長屋の路次に小便溜桶を設置されると、さらに狭くなって危険である。
⑦　小便は雪隠や下水でしており、家の造作もそれを前提にしているので、小便溜桶を設置する必要はない。
⑧　今までなかった場所に新たに小便溜桶を埋設されると、地借や店借の生活の邪魔になる。
⑨　小便溜桶が設置されると沽券金（土地の売却代金）にも影響が出て、地主たちが困ることになる。
⑩　町々には御用品を扱っている者も多数いるので、「臭穢《しゅうわい》之品」＝小便を溜め置かれては迷惑である。
⑪　小便溜桶の設置者はその設置場所を自分の所有であるかのように心得て、のちのちわがままな取り計らいをするようになる。

このように、町方の住人からすれば、小便溜桶が設置されると生活・営業上多くの問題が生じてしまい、いずれの場合であっても町方が大きな迷惑をこうむるので、従来通り設置しないでほしいと要請したのである。つまり、小便溜桶の設置には糞尿がもつ「臭穢」「汚穢」という特徴のほかに、「往来之障」「不浄」「目障り」という性格が加わっていると認識されていた。また小便溜桶のような施設は、小便所の建物や溜桶設置のための土地が絶対に必要であり、その建物が小便溜桶であるがゆえに邪魔にも迷惑にもなり、それにより不動産的価値が低下してしまうという要素も重なり、その設置に対してすべての意見が否定的になってしまったようである。

すでに江戸の町では、個人屋敷・長屋を問わずトイレがあり、また公衆トイレとしての小便所も惣雪隠も多少あり、それに江戸の町では放尿習慣があったこともあって、そうした意見が多くなってしまったのではないかと考えられる。江戸の町人のなかには大小を問わず店を構えて商売をしている者たちが多く、小便溜桶の設置による商売への影響は計り知れないものがあった。せめて自分の店先には公衆トイレを設置してほしくないという意識がきわめて強かったものと思われる。

しかし、公衆トイレの設置は少しずつ増えていった。他所から江戸へやってくる訪問者だけでなく、江戸の住人たちにとっても外出中の公衆トイレは必要なものであった。そのため、以後も公衆トイレとしての小便溜桶のみならず、惣雪隠についても設置のための申請が相次いでいくことになった。これには、江戸周辺農村の下肥需要の問題とも深く結びついていた。

享和三年（一八〇三）九月、町奉行所は以前に申請された小便溜桶の設置を認可するにあたり、町方の年番名主につぎのような申し渡しをおこなった（『江戸町触集成』第十一巻、第一一二〇四号）。江戸の町々に小便所はあるものの、これまではその小便を下水などに流し捨てることが多かった。しかし、小便は農耕肥料になるものであり、小便溜桶設置の願い人たちが町々に小便溜桶の設置場所を見立てて交渉に赴くので、埋設した樽に小便を溜められるように協力してほしい。そのために往来する人々がその樽に接触して怪我をしないように厚い板で蓋をしてもらう予定である。なお、願い人たちは溜桶から汲み取った小便を江戸周辺の農民たちに買い取ってもらえるように交渉していると説明していた。

これにより、町奉行所では願い人たちが江戸の各町との交渉の結果、小便溜桶の設置を了承された場合、その設置を認可することにした。しかし、町奉行所は願い人たちに将軍の御成道だけは不浄なものを避けるという観点から小便溜桶を設置しないように申し渡した。いっぽう、町方に対しては、事前に町名主が家主たちに事情を説明し、その交渉に応じるよう命じていたのである。

このなかで興味を引くのは、町奉行所が小便溜桶の設置は人々の生活にとって重要なものであり、とくに作物の肥料になる小便は農業にとって欠かせないものでもあるから、住人たちにとって不都合な面もある小便溜桶の設置を「勘弁」してあげるようにと町名主たちを説得していたことである。ここでは、町奉行所が町人たちから苦情や不満の多い小便溜桶の設置を、都市衛生や農耕肥料としての重要性から世の中のためになるものであるという論理によって支援していたことである。その後も小便溜桶の設置が増えていった背景には、こうした行政の支援も大きく作用していたとみられる。

五　立小便の横行とその規制

江戸の人々にとって、自宅外での排泄方法は多様であったが、その一つに野外での放尿があった。仕事や娯楽などで外出した際、排泄で急を要するということが間々ある。「出物腫れ物所嫌わず」の譬えのような異常事態が発生したときに、今であれば駅や公共施設、あるいはコンビニや公衆トイレなどに駆け込んで用を足せる。しかし、江戸の町では現在のような施設はなく、その外出中には茶店や他人の家のトイレを借りて排泄することもよくあった。

喜田川守貞の「守貞謾稿」によれば、「江戸は路傍に尿所稀にあるのみ」(『近世風俗志』一、守貞謾稿）とあり、江戸では大坂や京都に比べて街頭での小便所がきわめて少なかったと記述されている。これは、放尿習慣が根づいていていて小便所の設置が少なかったのか、それとも小便所が少なかったから放尿習慣が根づいてしまったのかはよくわからないが、街頭での小便所が少なかったことは事実のようである。

江戸の川柳には、「江戸を見よ小便などはたれ流し」(『誹風柳多留全集』七、九六篇三三、文政十年・一八二七)、「小便の致所もなき花の江戸」(同六、八二篇一五、文政八年・一八二五)、「大江戸でちと不自由な小便所」(同八、一一二篇七、天保二年・一八三一）とあり、とにかく江戸の町では小便所が少なく、放尿という排泄行為が日常的におこなわれていたようである。

そうした状況のなかで、宝暦十四年（一七六四）二月六日の町触には、町年寄の喜多村が朝鮮通信使の来朝を目前にして、町々の名主たちに申し渡した内容が記されている（『江戸町触集成』第六巻、第七六八六号）。このなかには、通信使一行が江戸に到着するのは二月十三日であるという知らせのほかに、江戸市中にある非人小屋の取り払いや締切り・食違いの矢来を板囲いにすること、また庇《ひさし》の上に設置されている看板や腕木《うでぎ》を片付けることが命じられていた。このほか、次のような取り外しも申し渡されていた。

一、木戸張札、幷家作之柱抔ニ煙草無用之札其外張置候札、幷小便無用札取可申事

これは、木戸に張り出されている札や家の柱などに張り置かれている札を取り外すように命じたものである。そうした札には、「煙草無用之札」や「小便無用札」などがあった。「小便無用札」とは、図5に示したように江戸市中の往来での立小便を禁じる注意喚起の札のことである。これらの措置は、異国人を迎え入れるにあたって、江戸の町に数多く張り出されている札類を外して、見栄えをよくしようとするためのものであったとみられる。

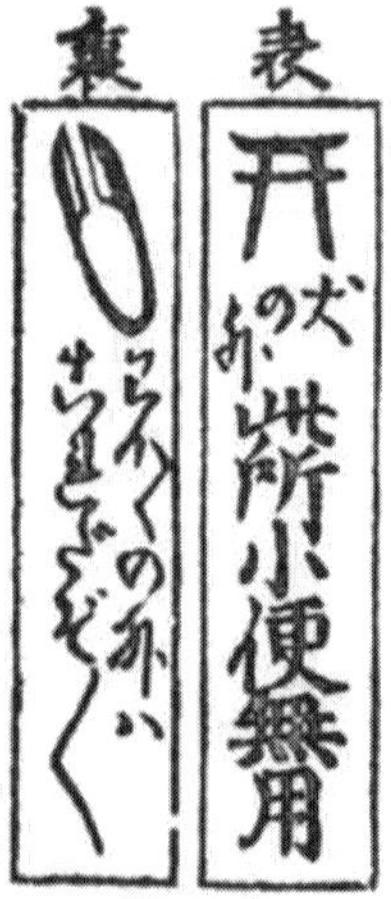

図５　小便無用札
（式亭三馬「小野馬鹿村虚字尽」文化３年）

　このように、江戸の町奉行所は公道での立小便が都市衛生上も景観上もよくないと自覚して

いたからこそ、市中に「小便無用札」を掲げて立小便の禁止を徹底させようとしていた。それだけ江戸の町では、立小便が横行していたのである。そのため、町奉行所は異国人にそのことを知られること自体が恥ずべきことであるとして、見栄えをよくするためにその取り外しを命じた。町奉行所には、江戸の町々に不特定多数の人々が使用する小便所を設置し、放尿の悪しき習慣を根絶しようという発想はなかったようである。

いっぽう、そうした「小便無用札」は京都の町には張り出されていなかったようで、当時の川柳には「小便無用札は無ひ京の町」（『誹風柳多留』九、一二七篇七九、天保四年・一八三三）という句がみられる。なぜ京都では放尿が見られなかったのかといえば、曲亭馬琴が著した旅行記「羇旅漫録」（『日本随筆大成』第一期第一巻）の「女児の立小便」の一節に、つぎのような文章がある。

京の家々、厠の前に小便担桶《たご》ありて、女もそれへ小便をする故に、富家の女房も小便は悉《ことごと》く立てするなり。但良賤とも紙を用ず。妓女ばかりふところがみをもちて便所へゆくなり。〔割註〕月々六斎ほどづゝ、この小便桶をくみに来るなり。」或は共二三人つれたる女、道ばたの小便たごへ立ながら尻の方をむけて小便をするに恥《はじ》るいろなく笑ふ人なし

このように、京都の町の各家のトイレ前には小便担桶と呼ばれる桶が置いてあり、芸妓以外のほとんどの女性たちは立ったままそれに小便をする習慣があった。その様子は、図6のとおりである。この町では、こうした排尿習慣に恥じる人も笑う人もいなかったようであり、小便桶に溜められた小便

図６　女の立小便
（「好色調方記」花咲一男『江戸かわや図絵』）

は月に六回ほど汲み取られていたという。こうした小便担桶への排泄習慣があった関係で、京都の町には江戸のような所構わずの放尿習慣はなかったようである。

　さて余談になるが、この史料にはトイレで使用するトイレットペーパーについての記述がみられる。小便担桶での小便に際しては、芸妓だけが懐紙《ふところがみ》をもっていて拭いていたが、通常、貧富に関係なく、ほとんどの女性たちは小便の際に紙を用いることはなかった。また男性の小便に際しての紙使用についてはまったく記述がなく、論外だったようである。

　さて、江戸時代、トイレでの尻拭きはどのようにおこなわれていたのだろうか。そうした際に紙を用いていたのは都市部にかぎられ、農村部では藁や図7のように縄などを使っていたようである。江戸の町で落とし紙として使われていた紙は「浅草紙」と呼ばれる再生紙であり、粗悪な紙で値段が安く、庶民も落とし紙や鼻紙として使っていた。安いとはいえ、一枚一文であったという。一般に、当

図７　排泄と尻拭き（明治頃、山本光正氏蔵）

時のトイレには備え付けの紙はなく、トイレに行くたびに浅草紙をもっていくか、あるいは常に用意しておいて持ち歩くしかなかった。使用済みの浅草紙は貯めておいて、屑屋に売り払い、また再生されることもあった。

浅草紙の名の由来は、浅草山谷あたりに屑紙を漉き返す業者（紙漉屋《かみすきや》）が多数いて製造していたからといわれる。宝暦四年（一七五四）五月、浅草三間町（現東京都台東区）家主の五郎右衛門ら二人は、浅草紙が高騰しているなかで、反故紙《ほごがみ》の買い受けを自分たちに命じてほしいとの願書を町奉行所に提出していた（『東京市史稿』産業篇第十八）。この史料には「漉返シ紙之儀ハ、下々之者共遣紙ニ御座候」とあり、浅草紙は下層の者たちにも幅広い用途で使われていた。佐藤信淵著の『経済要録』に「江戸近在の民は、抄《すき》返し紙を製すること、毎年十万両に及ふ」（岩波文庫『経済要録』）とあり、その市場規模は大きく、浅草紙の生産額は毎年金一〇万両におよんでいたという。

なお、浅草紙は古紙を原料にしていたので、水に浸けて「冷やかす」必要があった。これにはある程度の時間を要したため、紙漉屋の職人たちはその待ち時間を利用して近くの吉原に出向き、遊郭の遊女たちを眺めに行っていた。こうしたことから、買う気もないのに眺めているだけの客を「ひやかし」、その行為を「ひやかす」というようになったという。

余談が長くなったが、幕末期、紀伊田辺藩医師の原田某が江戸勤番中に執筆した「江戸自慢」（三田村鳶魚校訂『未刊随筆百種』第十四巻）には、「御府内八言ニ不及、村落たりとも小便桶なく大道へたれ流しなり」とあって、江戸の町の往来には小便所が少ないので、多くの人々による放尿が日常化し、主要な道路であっても垂れ流されていた。これに続いて、「糞取を見しに厠中の糞塊のみすくひ取て、小便は残し置て汲み取らず」ともあり、江戸のトイレの糞尿処理では糞の塊のみすくい取って小便を汲み取らなかったようである。もちろん、小便の一部は下肥として利用されたものもあったが、その多くは垂れ流されて利用されることはなかったのである。

六　トイレの落書きと広告

最近の公衆トイレは、個人的な感想なのだが、全体的に大変綺麗になっているように思う。デパートのトイレはいうまでもなく、駅のトイレや公園のトイレにいたるまで掃除が行き届いており、その管理が徹底しているということだろう。ところが、かつての公園などの公衆トイレは入るのもためらうほど汚かった。それでも、急を要する場合は使用せざるをえなかったが、室内や便器とも醜い情況の公衆トイレが多かった。それに輪をかけて、トイレのいたるところに落書きが描かれ、見苦しいものであった。落書きのほとんどは性器描写などの卑猥なもの、人物・アニメなどの描写もの、社会への不満・誹謗中傷などの文字もの、彼氏・彼女の名前・電話番号を書いた恋愛関連ものなどであったが、人生訓のようなものも含まれていてついつい読んでしまうものもあった。

さて、江戸の落書きといえば、歌川国芳の「荷宝蔵壁《にたからぐらかべ》のむだ書」（五枚シリーズ）はよく知られたものであり、ご存じの方々も多いことだろう。トイレの落書きではないのだが、参考のため少し触れておきたい。国芳は江戸時代末期を代表する浮世絵師の一人であり、画才にすぐれていた。本作は、弘化四年（一八四七）に制作されたもので、落書きというスタイルの斬新な作品であった。「荷宝」は「似たから」に掛けており、「むだ書」とは落書きのことである。

本作は、「荷宝蔵」と呼ばれる土蔵の外壁に、役者絵を中心に構成され描かれている。釘で引っ掻いたような描法も奇抜で、その落書きのスタイルは絵の中の文字や版元印まで及んでいる。このシリーズは全五枚から構成され、その画面構成は汚れや傷を防ぐ目的で床から腰くらいまでの高さを目安に板材を貼り付けて仕上げた腰壁と呼ばれるスタイルをとっている。下半分の板張り部分が黄色いもの

（黄腰壁）が三枚、黒いもの（黒腰壁）が二枚である。

　この作品は、歌舞伎役者の表情豊かな似顔絵を中心に、猫・花・団子などのほか、似顔絵のまわりの空間に文字を配している。また、五枚シリーズの二カ所に相合傘が登場し、歌舞伎芝居の演目に登場する男女の名前が書かれている。この作品の制作上の意図するところは、天保改革以来、幕府が風俗取締りの一環として推し進めた役者の江戸所払いやその似顔絵の出版禁止というきびしい措置に対して、国芳はそれらを蔵の壁への落書きというスタイルで描き、その取締りの網を掻いくぐろうとしたものである。

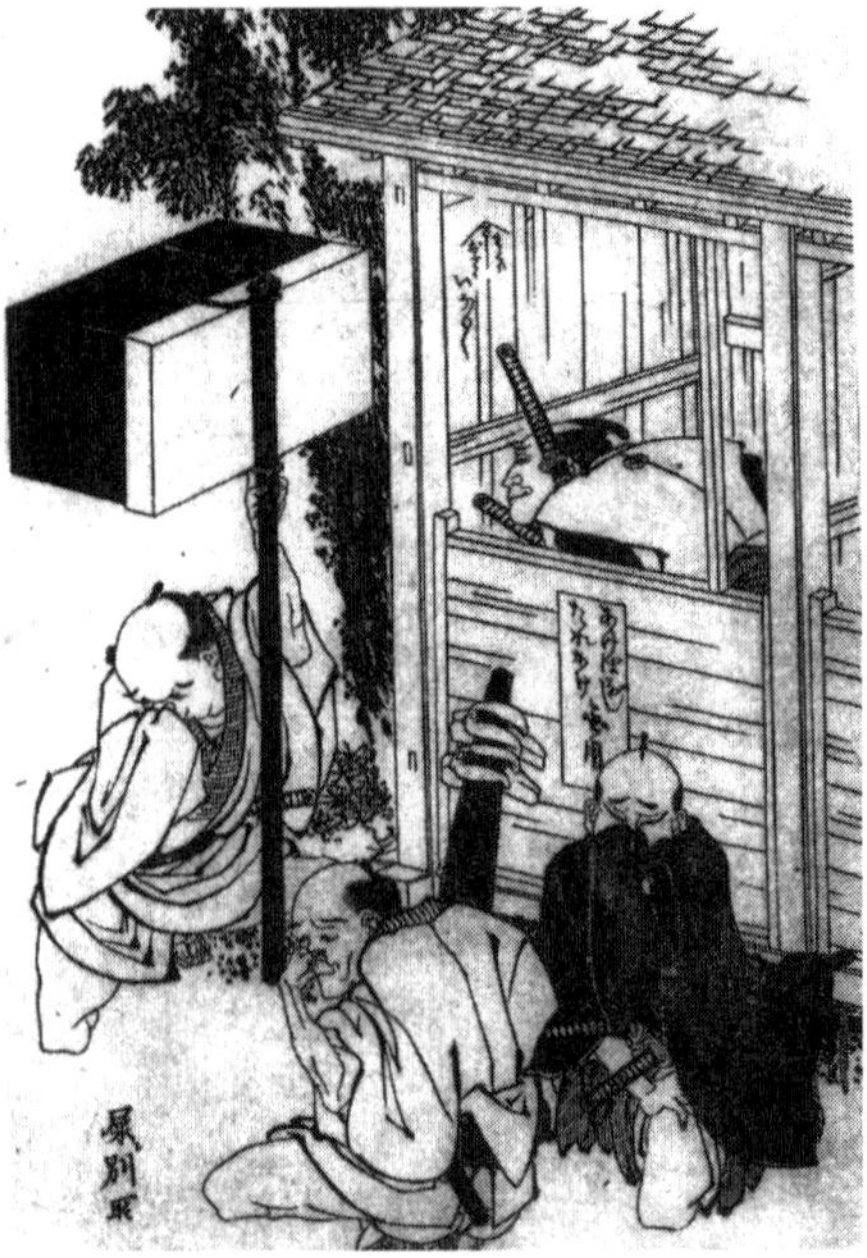

図８　「北斎漫画」第十二編・屎別所
（法政大学図書館蔵）

　ところで、本書の資料調査中、数は少ないけれども江戸のトイレの落書きをいくつかみつけることができた。一つは、図8に示したように、葛飾北斎の絵手本「北斎漫画」（法政大学図書館蔵）の一点である。本作は、文化十一年

（一八一四）から明治十一年（一八七八）にかけて制作され、全十五編からなっているが、その十二編に「屎別所《しべっしょ》」が描かれている。「屎別所」とは公衆トイレを含む便所のことであり、この作品では公衆トイレとともにそのなかで用を足している二本差しの武士、そしてトイレの外には腰をかがめて鼻をつまむ陪臣三人が描かれている。主人の排泄とその終えるのを待つ陪臣という滑稽な場面であるが、リアルな画面構成で描かれている。トイレの下半分の戸には「あけばなし　たれかけ　無用」と書かれた張り札があり、トイレの戸の開けっ放しや便器に汚物を引っ掛けたりしないようにとの注意書きである。このトイレの内側の壁には、図9に示したように相合傘の落書きがあり、その傍らに「いろ〳〵」の文字も添えられている。江戸時代後期には、トイレなどの落書きの題材として相合傘が描かれることが多かったのであろう。

図9　トイレの落書き（1）
（「北斎漫画」第十二編・法政大学図書館蔵）

二点目は、図10に示した歌川広景の浮世絵「江戸名所道化尽《どうけづくし》廿八　妻恋こみ坂の景」である。広景は歌川広重の門人であり、幕末期に活躍した浮世絵師である。その代表作「江戸名所道化尽」（なかには「道

図 10　歌川広景「江戸名所道化尽廿八・妻恋こみ坂の景」（筆者蔵）

戯」と記述されているものもある）シリーズは全五一点（目録一点、作品五〇点）の揃いものである。「道化」というタイトルがついているように、幕末の江戸の名所を題材に、各地域で巻き起こるハプニングをユーモラスに描き、江戸名所をパロディ化したものである。作画期は安政六年（一八五九）正月から文久元年（一八六一）八月までにわたっているが、その多くは安政六年と万延元年（一八六〇）に集中している。

「妻恋こみ坂の景」は、安政六年（一八五九）十月の作画で、妻恋稲荷近くのゴミ坂とその道筋に

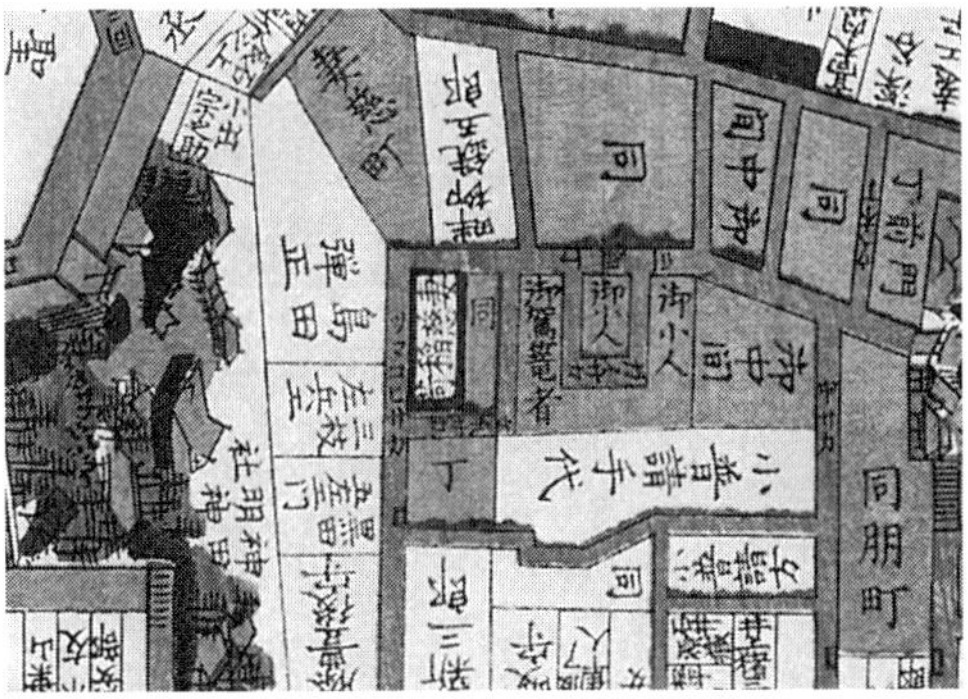

図11　妻恋神社と立爪坂
（『江戸切絵図』東京堂出版）

ある物雪隠（公衆トイレ）を描いた作品である。春の花盛りの江戸名所を色彩豊かに描いているのだが、浮世絵の題材として少なくとも綺麗とは言えないゴミ坂と惣雪隠を主題として取り上げている作品であり、きわめて珍しい題材といえるだろう。この作品は、前述した葛飾北斎『北斎漫画』第十二編の「屎別所」を手本として構成されたものである。つまり、パクリ絵ということになる。近景にゴミ坂の石階段と惣雪隠、遠景には上野の町並みを描いている。当時、江戸のゴミは隅田川河口の江戸湾に運んで処理され、そのため坂上の住宅のゴミは坂下に下ろさなければならなかった。そうしたゴミ下ろしの坂やゴミ投棄の坂が「ゴミ坂」と呼ばれることが多かった。当時、ここの坂は図11の切絵図に示されているように、立爪坂とも、「ごみ坂」とも呼ばれていた。

なお、妻恋稲荷は図12の写真のように、当時の場所に妻恋神社と改称されて残っている。立爪坂（ゴミ坂）も図13の写真のように、往時を偲べる階段となって今も残っている。このトイレの扉には図14のように「あけばなし　たれかけ　無用」の張り札があり、またその内側の壁には図15

図 12　妻恋神社（筆者撮影）

図 13　立爪坂（筆者撮影）

図 14　トイレ利用の注意張り紙

図 15　トイレの落書き（2）

のように相合傘、男性の顔（歌舞伎役者か）、男性器の図柄が落書きされていた。それらのテーマは、男女の恋愛にかかわるもの、性にかかわるもの、憧れの人物といったところだろうか。当時のトイレの落書きがいくつも示されていて興味深い。

　三点目は、図16に示した梅亭樵父著の「地口絵手本」である。この作者については未詳であり、本の出版年も不明だが、内容からみて江戸末期と考えられる。「地口」とは、諺や有名な芝居の台詞などよく知られた文句を音のよく似た別の言葉に置き換える「洒落」や「駄洒落」に通じるものであり、その滑稽さを笑い楽しむ言葉遊びの一種である。百人一首のパロディとして幼童向けに出版された「道化百人一首」と呼ばれるジャンルがあるが、本作もこれに属するものであろう。

この本のなかに、痔にかかわるものがあり、菅家（菅原道真）の「もミぢのにしき　かミのまに〳〵」をもじって「痔もちのいしき　紙をもミ〳〵」と詠んでいる。「もみぢ（紅葉）の」を「痔もち（持ち）の」に、「にしき（錦）」を「いしき（意識）」に、「かミ（神）の」を「紙を」に、「まに〳〵」を「もミ〳〵」に言い換えている。つまり、道真の句では「色とりどりの紅葉をわたくしの捧げるぬさとして神の御心のままにお受け取りください」であったものを、この作者は音の似た言葉に置き換えて「トイレに入った痔持ちの意識は、落とし紙を揉み揉みして

図16　痔持ちの排泄とおトイレ
（梅亭樵父筆「地口絵手本」刊行年不詳）

図17　トイレの落書き（3）

柔らかくすることである」としたのである。元の句と変換された句とは、その意味合いがまったく異なり、まったく想像できないものとなっている。

なお、百人一首にみられる菅原道真の元の句は、「このたびは幣《ぬさ》もとりあえず手向山《たむけやま》紅葉の錦神のまにまに」であり、このうち下の句を取り上げて「地口」の手法で言葉をもじって絵を添えている。この絵には、トイレの下半分の扉を開けっぱなしで用を足している痔持ちの男性が、落とし紙を揉んでいる様子が描かれている。そして、図17に示したように、このトイレの内側の壁に相合傘の落書きが描かれ、そこには男女の名前が書かれていたようである。

ところで、トイレには落書きとは別に、図18のような商品の広告が張られていることもあった。とくに多いのが避妊薬や堕胎薬として用いられていた「月水早流し」「月水流し」の引札である。「月水」は月経のことであり、「月水早流し」とは月経の滞りを早く通じさせるというものであったが、この時代には妊娠をしないために、あるいは望んでいない妊娠をしたときにそうした薬を服用していたようである。

図18　トイレの広告(1)（『絵本柳樽選集』第五巻）

　このように、江戸のトイレ内の落書きや広告をみてみると、大なり小なりその時代や社会を映し出すものであったといえるだろう。とくに、広告は不特定多数の人々が利用するトイレを宣伝の場として活用し、また落書きについては恋愛にかかわるもの、歌舞伎役者や相撲取りなどの人物への憧れとして描くもの、さらには人間本来の性的欲望の発露として描かれるものなどがあり、トイレにおける落書きの匿名性を利用して日ごろの憂さを晴らす場として活用されていた。こうした落書きは時代を隔てても、私たちが少し前まで見てきた公衆トイレの落書きとあまり変わっていないようにも思われる。

七　神仏にみられるトイレの神様

トイレはいつも多くの人々に利用されるものでありながら、汚さや臭さといったイメージから嫌われることが多い。いっぽうで、トイレはもっともプライベートな空間であり、ここでのひと時を好む人も多いのではないだろうか。ただし、トイレに長居をすると、誰からも嫌われることが多いので注意を要する。このトイレに神仏が宿っているという信仰をご記憶の方々はどれくらいいるだろうか。

実は日本には、古くからトイレに祭る神として厠神《かわやがみ》の信仰があった。『日本大百科全書』によれば、「厠神は男女一対の紙雛を神体とすることもあるが、多くは正月と盆に青柴を供える程度である」と説明されている。卜部《うらべ》の神道では、男女二神、「ハニヤマヒメノカミ」（土の神）と「ミズハノメノカミ」（水の神）であり、密教や禅家では「烏枢沙摩明王」（うすさまみょうおう）であるといわれている。『日本書紀』（新訂増補国史大系第一巻上）前篇の巻第一の「神代上」（四神出生）には、「伊弉冉尊《いざなみのみこと》、火神軻遇突智《かぐつち》を生まんとする時に、悶熱《あつか》ひ懊悩《なや》む。因て吐《たぐりす》。此れ神と化為《なる》。名を金山彦と曰ふ。次に小便《ゆばりまる》。神と化為《なる》。名を罔象女《みづはのめ》と曰ふ。次に大便《くそまる》。神と化為《なる》。名を埴山媛《はにやまひめ》と曰ふ」という記述がある。その意味は、「イザナミノミコトが、火の神・カグツチを生んだときに、暑さに苦しんで反吐《へど》を吐いた。これが神となった。名付けて金山彦という。次に小便をし、これが神となった。名付けてミヅハノメという。次に大便をし、これが神となった。名付けてハニヤマヒメという」ということになる。このように、イザナミノミコトが火の神を生むときにした大小便が神となって厠神を誕生させていた。ここに出てくる「まる」とは排泄するという意で、この使い方は現在、室内用の持ち運びできる便器である「おまる」などに残っている。

いっぽう、仏家で信仰される「烏枢沙摩《うすさま》」の明王は、「烏枢瑟摩」、「烏蒭沙摩」、「烏瑟婆摩」とも表記され、真言宗・天台宗・禅宗などの諸宗派で崇められていた。図19は、享和三年（一八〇三）刊の両面刷「東武年祭宮す寿《ず》め」の表面「江戸中神仏月並縁日」の一部である。「七日」のところに「神田松下町烏瑟沙摩明王」との記述がある。日蓮宗では、「烏蒭沙摩明王」の表記を用い、火の神、厠の神として信仰されている。このように、神仏の信仰において厠の神が存在していた。

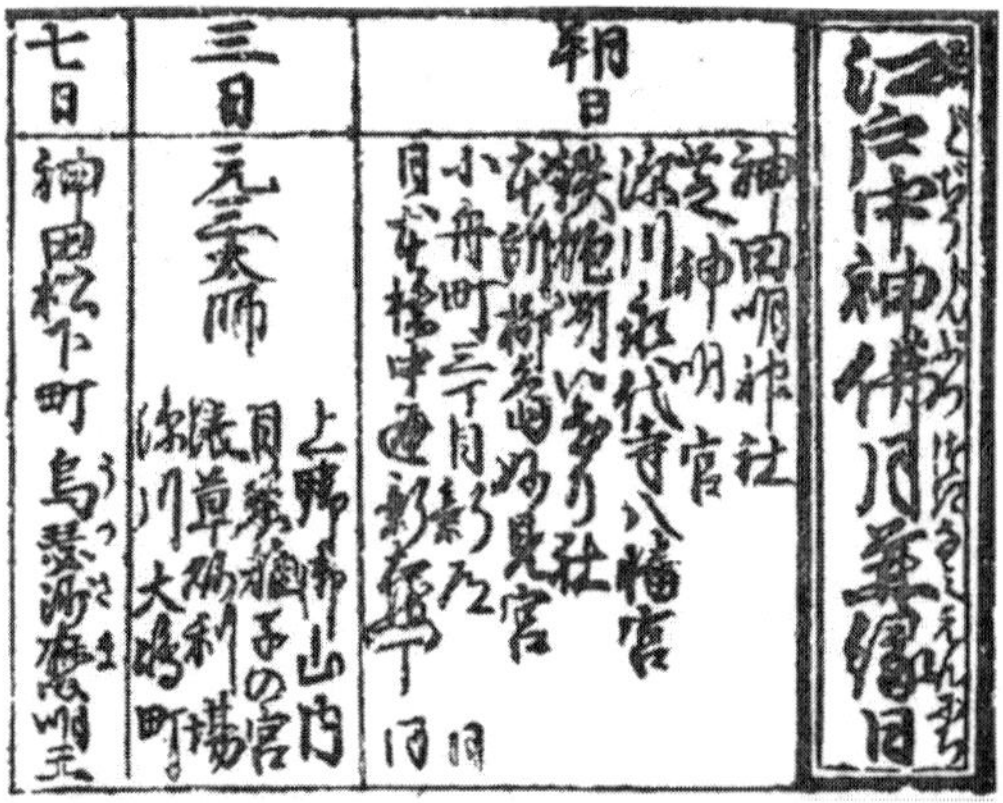

図19　厠神の月並縁日
（「東武年祭宮す寿め」（享和３年）花咲一男『江戸かわや図絵』）

ところで、今から一〇年ほど前、シンガーソングライターの植村花菜さんが歌う「トイレの神様」（作詞：植村花菜・山田ひろし、作曲：植村花菜、編曲：寺岡呼人、キングレコード）が大ヒットした。そのなかの一節に「トイレにはそれはそれはキレイな女神様がいるんやで、だから毎日キレイにしたら女神様みたいにべっぴんさんになれるんやで」という歌詞がある。この歌は、歌手本人の祖母の郷里・鹿児島県の沖永良部島での言い伝えをもとにしたものであるという。

こうした産育習俗には、トイレに関連しているものが多く、妊婦が帯祝いのころからトイレの掃除を日課としているところがあり、またトイレを掃除するときれいな子供が生まれるという伝承も広く分布している。逆に、トイレを汚くしているとアバタの子などが生まれ、災いを与えるとの言い伝えもある。厠神は産神《うぶがみ》として信仰されているため、赤飯を炊いて厠神に供えると安産になるというところもあるという（飯島吉晴『竈神と厠神―異界と此の世の境』）。

そして、生後三日目あるいは七日目などに、赤子を抱いて厠の神に参る行事は「雪隠参り」と呼ばれる。その参り方も地域によってまちまちで、顔に「犬」の字を京紅で書いた赤子を産婆が抱いて厠に参るところ、また七日目は七夜であることから命名（名付け）をおこない名開きの祝いをするところ（恩賜財団母子愛育会編『日本産育習俗資料集成』）、さらに厠神に米・赤飯・塩・鰹節・酒などを供えて拝み、そのとき赤子に真綿帽子などを被せ、あるいは糞便を食べさせる真似をするところなどがあった。こうした行事は岩手・福島・群馬・栃木・埼玉・東京・神奈川・新潟など東日本に多かったといわれている。

いっぽうで、厠で唾《つば》を吐くものではないという禁忌も広く分布し、それを破れば厠神が怒って目や歯に祟りがあるとされていた。

このようなトイレに関する言い伝えや習俗は、日本国内に数多くあるようである。筆者の出身地・茨城県南部では、人家の庭、とくに外便所の前や脇に南天の木がよく植えられていた。子供のころ、その意味するところを知らなかったが、多くの家で赤い実をつけた南天の木がどうしてトイレ近くに植えられているのだろうと気になっていた。大学生になって、これが魔除けの意味合いをもっていることをはじめて知った。

「南天」は古くから「難転」、つまり「難を転ずる」の語呂からまじないの意味をもち、火災や食あたり、産育などの難を逃れるために利用されていた。『和漢三才図会』の「南天燭《なんてん》」の項に「これを庭に植えて火災を防ぐ。大へん効験がある。また糖蜜に入れて食用に供する」（寺島良安『和漢三才図会』一五〔東洋文庫五一六〕、二〇〇九年）とあり、火難除けや食用に供されていた。庭やトイレ近くの南天植栽も「難を転ずる」意味合いをもっていたものであろう。

また南天の枝や葉は、「泄《げり》を止め、睡《ねむけ》を除き、筋を強くし、気力を益《ま》す。長らく服用しつづければ、長生きし饑《う》えることはなくなる」とあり、その根は「筋骨を強くし、気力を益し、精を固くし、顔色はつやつやする」（『和漢三才図会』一五）とあって、下痢止めや眠気覚まし、筋力・気力の増強などに効能があるとされていた。確かに、南天の葉は南天葉、または南天竹葉といわれる生薬として用いられ、健胃・解熱・鎮咳などの作用があるとされている。南天と聞いて、のど飴を連想する人も多いことだろう。

第二章　江戸の下掃除と下肥輸送

一　廃棄物としての下肥輸送

歴史的に、糞尿は臭さや汚さから人々に忌避される存在であったが、農耕肥料としての有効性から鎌倉時代から下肥として利用され、江戸時代になるとその利用はますます盛んになった。江戸の町で排泄された糞尿が、江戸周辺農村の下肥として利用されたことはよく知られる。江戸周辺農村は、江戸の町で排泄された糞尿の受入れ先となり、その糞尿を農耕肥料として利用することで農作物の生産を活発化させることになった。

これにより、都市排泄物の還元をめぐって、江戸とその周辺農村との間で有機的物質循環の地域システムが出来上がり、同時に両者の間で密接な共生関係が構築されることになった（渡辺善次郎『都市近郊農業史論・都市と農村の間』論創社）。これらの背景には、江戸の町の拡張による人口増大、それに伴う農作物の需要拡大があり、その農作物の生産拡大のための肥料として江戸の糞尿の有効利用が必然化された。その結果、江戸の町は周辺農村への下肥供給の生産地として期待され、江戸周辺農村の近郊農業の発達に大きく貢献することになったのである。

それでは、江戸時代前期、江戸の町で周辺農村の農民らによっておこなわれた下掃除の実態を確認していくことにしよう。明治二年（一八六九）、武蔵国多摩郡関前村（現東京都武蔵野市）名主忠左衛門の「建言」には、「下菌《しもごえ》・馬糞抔ハ先々諸家方下掃除ト唱、百姓共江金銭等ヲ付被下候品之処、追々世々末ニ至リ、作之品茄子・大根、又ハ金銭等百姓ヨリ差出候場ニ至リ、剰《あまつさえ》下掃除代金吟味増直（値）上ヶ等甚《はなはだ》ニ至り」（『武蔵野市史』資料編）という記述がある。これは、江戸時代における下肥の価値の変遷を簡潔に述べたものである。江戸の町で汲み取られていた下肥はその当初、江戸住民たちが農民たちへ金銭などを払って引き取ってもらっていたが、時代の推移とともに農民たちが江戸の住人たちへ茄子や大根、金銭などで支払うようになったことを述べたものである。つまり、下肥の価値が当初の廃棄物からしだいに商品へと推移していったことを雄弁に物語っているのである。なお、江戸時代の前半、下肥は江戸の住人からすれば廃棄物以外の何物でもなかったが、それを引き取った江戸周辺の農民たちからすれば農耕肥料として重要なものであったことがわかる。

元禄三年（一六九〇）、ドイツ人であり、オランダ商館付の医師として来朝したエンゲルベルト・ケンペルは、滞日中、オランダ語通訳の今村源右衛門の協力を得て精力的に資料を収集し、そうした日本での見聞をもとに『日本誌』をまとめた。このなかで、「嘘かと思うほど大きな大根が、全国到る所で採れる。大根は余るほど作られており、最も有用な惣菜である。施肥した人糞の臭が芯まで浸み込んでいるのを嫌って、ヨーロッパでは誰も食べようとしない。ここでは一般にそれを生のままでも食べ、新鮮なものを煮て食べ、また乾して糠汐に漬け込み貯蔵食料にする」と指摘しつつ、穀物や蔬菜には「いずれも年に3回人糞を施肥し、地味を維持する」（今井正翻訳『日本誌』上巻、霞ヶ関出版）とも述べている。ヨーロッパ人には人糞を施肥した大根の食習慣はなく馴染めなかったようであり、これを生でも煮ても塩漬けでも食べる日本人の食習慣に驚いていた。

つぎに、元禄・宝永期（一六八八〜一七一一）の下肥の価値を確認してみよう。寛政三年（一七九一）、江戸周辺の村々が江戸の下肥値段の引下げを町奉行所に訴願した文書のなかで、「元禄・宝永之時分は、多分無銭ニて掃除致候」（『東京市史稿』産業篇第三十五）とあり、元禄・宝永期の江戸の下肥は江戸周辺の農民たちによって無料で汲み取られていたことに言及している。このように、江戸の下肥は江戸時代の前期から商品価値を帯びていたわけではなく、廃棄物として江戸周辺農村に引き取られていたことがわかる。

ところで、世田谷区立郷土資料館が編集した『世田谷叢書』第七集には、「下掃除関連史料」がまとめられていて大変参考になる。ここには、近世前期の下肥史料が三点採録され、その解説も付されている。そのなかで、もっとも古い史料が天和二年（一六八二）三月の「御屋敷下糞《しもごえ》拝領につき請手形」である。この史料は、近江彦根藩世田谷領村々のうち、武蔵国荏原郡上野毛村（現東京都世田谷区）の百姓一五人が彦根藩江戸屋敷の下掃除に関して同村名主の源兵衛にあてた請書である。

手形之事

一、御屋敷下糞御助ニ被下置候所難有奉存、村中大小之百姓共無甲乙割符仕糞取申筈ニ相定申候、御屋敷江出入仕候節御屋敷御法度相背不申、猶更不作法成義仕出申間敷候、若如何様之悪事仕出申候者、銘々之不届ニ仕、中間中之やつかいニ仕間敷候、将又御屋敷出入札疵付申歟又ハ落申候者、代物弐拾貫文ツ、之過料銭御取可被成候、其上いか様之曲事ニも可被仰付候、其時一言之御恨申間敷候、為後日証文仍而如件

天和二戌年三月廿三日

上野毛村中

但、拾五軒之時也

源兵衛殿

これによれば、彦根藩は江戸の上屋敷と中屋敷の下肥を藩の世田谷領村々に下げ渡していた。これにより、彦根藩領の上野毛村の村人たちは江戸屋敷の糞尿を汲み取り、村人全員で分配していた。そのなかで、藩の江戸屋敷に出入りする際には藩の規則に違反しないこと、また無作法な振る舞いをしないこと、そして悪事をして仲間に迷惑をかけないこと、さらに屋敷出入りの鑑札を破損・紛失した場合には銭二〇貫文を罰金として支払うことを誓約していた。この段階では、下肥の下げ渡しに際して金銭の授受がなかったようにみえる。

同じような史料は、貞享五年（一六八八）七月のものもあり、前出の内容と類似している内容のほか、彦根藩江戸屋敷に向かう途中で不調法な振る舞いや悪事をしないこと、そして上屋敷・中屋敷で無鑑札の馬を見つけたり、わがままな振る舞いをしている者がいた場合にはその名前を報告するこ

と、さらに下肥を捨てたりしないこと、またどのような理由があろうとも上屋敷や中屋敷に必ず下肥の汲み取りに行くことを誓約していた。上屋敷や中屋敷からすれば、その糞尿は間違いなく運び出してもらわなければ困るものだったのである。

ところが、元禄二年（一六八九）一月になると、上野毛村の村人たちは何らかの事情があって同村名主らに下掃除の辞退を申し出ていた（『世田谷叢書』第七集・下掃除関連史料）。上野毛村は彦根藩上屋敷・中屋敷の下《しも》掃除について「無案内」という理由で他の村々に譲ることを村人の総意で決定し、そのため村人全員による連判手形を作成して名主らに提出したのである。なお、下掃除を辞退しても藩側で人馬が必要な場合にはその増発に応じることを誓約していた。この辞退の理由はよくわからないが、結果的に藩屋敷から汲み取る下肥の必要性がなくなったということであろう。

彦根藩上屋敷・中屋敷の下掃除は、そもそも彦根藩と藩領村々との直接的な取引によっておこなわれていたものではなかったようである。寛政十一年（一七九九）三月、この年の彦根藩世田谷領村々を束ねる当番村の上野毛・下野毛・小山の三カ村名主たちが藩上屋敷の留所に持参した文書には、彦根藩江戸屋敷（上・中屋敷）の下掃除が、寛永年間（一六二四～四四）から彦根藩世田谷領の代官をつとめた大場本家の分家筋にあたる市之丞家に委ねられていた（『世田谷叢書』第七集・下掃除関連史料）。この下掃除の権利を独占する代わりに、市之丞家は運上《うんじょう》として莇豆を上納するとともに上屋敷・中屋敷の芥《ごみ》捨てをおこなうことになっていた。そこで、この市之丞家の命を受け、実際の下掃除に従事していたのが藩の世田谷領村々の農民たちであり、汲み取られた下肥は村々の農耕肥料として利用されていた。

ところが、大場市之丞が元文四年（一七三九）に年貢未納の罪で罰せられ、お役御免のうえ田畑・家財没収と追放の処分を受けることになった（高橋敏『江戸村方騒動顛末記』ちくま新書、二〇〇一年）。この時、市之丞家が課せられていた上屋敷・中屋敷への運上の品々が滞っており、これを世田谷領村々の名主たちが肩代わりすることになり、その見返りとして上屋敷・中屋敷の下掃除の「株」（下肥汲み取り権を保証したもの）を割り当てられていた。当然のことながら、この弁納分の金銭を負担しなかった村の名主は下掃除の「株」を割り当ててもらえず、また割当金の半分を負担した村の名主は「半株」を渡されていた。こうして、「株」を所持していた名主たちは、下肥売却代金のうちから配当金が受け取れる仕組みとなっていた。また世田谷領村々は下掃除同様、芥捨てについても引き継ぐことになったのである。

このように、近世前期における彦根藩上屋敷・中屋敷の下掃除においては、世田谷領の村々が下肥を購入するという形ではなく、下肥を下げ渡された見返りに運上の品々を納め、また芥捨ての業務をも請け負っていたのであった。つまり、近世前期から中期への移行のなかで、上屋敷・中屋敷の下肥の下げ渡しに際して「運上」という名目の税（金銭）を負担することで、その下げ渡しがおこなわれていた。下肥の価値がそれまでの廃棄物としての扱いではなく、少しずつ金銭的価値を帯びはじめていたのである。

二　下肥の商品化とその輸送

ところが、享保期（一七一六〜三六）になると、江戸住人とその周辺農民との間で、下肥の取引をめぐって金銭授受が伴うようになっていった。享保十八年（一七三三）十二月六日、日本橋茅場町近くの亀島町（現東京都中央区）の家守《やもり》（家主ともいう）吉左衛門は、江戸東部で低地帯に位置づく武蔵国葛飾郡東葛西領市野江村（一之江新田、現東京都江戸川区）の百姓忠蔵に「寅ノ年分掃除代請取覚」と題する下掃除代金の受領証を送っていた（『田島家文書』第九巻）。

亀島町は亀島川の一角が埋め立てられて武家地となったところで、元禄年間には町奉行与力・同心の組屋敷となり、享保年間には主として河岸側が町屋、西側が組屋敷となっていた。また亀島川は江戸時代には南茅場町と富島町一丁目の間で日本橋川から南に分かれ、亀島町と富島町一丁目・二丁目との間を南下し亀島橋のあたりから東に折れて隅田川に注いでいた。

亀島町西側にあった組屋敷の管理を委託されていたのが家守の吉左衛門で、町奉行与力・同心七名の屋敷の翌年分の下掃除代金六両三分二朱のうち、内金として金三両二分二朱と銭八〇〇文を受け取った証文であり、残金は翌年七月十二日に受領することになっていた。これを表にしたものが、表1である。一軒当たりの下肥代金は、金二分二朱から金一両一分二朱までの幅があり、平均すると金

表1　享保19年（1734）の江戸亀島町組屋敷下掃除代

屋敷主	年間掃除代	前渡金
保仁伴内	金1両1分2朱	金3分2朱
山田惣兵衛	金3分2朱	金2分
山本兵太夫	金3分2朱	金1分　銭800文
藤田斧右衛門	金3分	金1分2朱
松波助十郎	金1両　2朱	金2分2朱
出目甚内	金1両1分	金2分2朱
高部平内	金2分2朱	金1分2朱
計	金6両3分2朱	金3両2分2朱・銭800文

（註）享保18年12月「寅年分掃除代請取覚」（『田島家文書』第9巻）より作成。

一両二朱であった。つまり、一年分の下肥代金のおよそ半分は前年の十二月に前払いされていたのである。

いっぽうで、江戸周辺農村側の史料にも「正徳・享保之時分は、少々宛之掃除代銭差出、其後延享・寛延年中迄は、直《(値)》段高下之沙汰も無御座候」（『東京市史稿』産業篇第三十五）とあり、江戸の下肥は正徳・享保期（一七一一〜一七三六）にはわずかな金銭を支払って下掃除がおこなわれるようになっていた。このように、享保期になると、江戸の下掃除には金銭授受が伴い、下肥が商品として取引の対象となってきたのである。

当然のことだが、江戸の下肥を農耕肥料として使用するためには、その周辺農村へ移送する必要があった。下肥は重く、臭いの強いものであり、その輸送には多くの苦労を伴った。江戸の下掃除には下掃除人の農民自らが従事することが多かったが、この下掃除人が下請人を雇って下肥輸送を委ねることもあった。こうして、下掃除人の下肥商人化が進行していくことになったのである。

そして、下肥を輸送するには、陸上であれば馬や小車、河川や堀・海を経由するのであれば船を利用し、これらを駆使して農村に移送することになった。下肥を運ぶ船は、肥船や茶船、あるいは葛西船などと呼ばれ、狭い河川では肥艀《はしけ》船が使われた。この肥船は大量に運搬できるため下肥輸送の花形としてもっとも利用されたものであった。これに対して、河川に恵まれない地域では馬背や小車による陸上輸送に頼らざるをえず、大量の下肥を一挙に運ぶことは困難であった。

また、舟運により下肥を輸送できる地域では、その仲買を生業とする者たちも現れ、回収した下肥はさらに遠隔地の村々へ運ばれて販売された。寛政十二年（一八〇〇）十二月の下総国葛飾郡船橋海神村（現千葉県船橋市）の「村明細帳」（『船橋市史』史料編一）には、「葛西領ヨリ下肥を買入申候」とあり、武蔵国葛飾郡葛西領村々の仲買人たちが江戸の町から運んできた下肥は下総国葛飾郡村々へ売却されていた。このように、下肥商売も多様化し、その流通機構もいっそう整備されることになったのである。

三　下掃除と下掃除人

江戸の糞尿の汲み取りとその運搬を担う業務を下掃《しも》除、あるいは単に掃除ともいった。その汲み取り人を下掃除人、あるいは単に掃除人とも呼んでいた。また下掃除人のなかには、下請人を雇って汲み取っている者たちもいた。そして、下掃除人が出向く糞尿の汲み取り先は掃除場所、あるいは下掃除場所と呼ばれていた。

下掃除は、江戸の武家屋敷や町屋敷などの下掃除場所の住人と、下掃除人である江戸周辺の農民とが個別に契約を結んでおこなわれていた。下掃除の契約時には、両者間で何年間の契約にするのか、また下掃除代をいくらにするのか、あるいは下掃除代を金銭で受け取るのか、それとも野菜類で受け取るのかなどの条件を合意しておくことが必要であった。そして、その仕事は糞尿を汲み取って運搬するだけでなく、たとえば火事によってトイレが類焼した場合には仮設のトイレを設置し、また便壺が破損した場合には取り換えなどもおこなっていた。なお、下掃除の仕方をめぐって問題が生じた場合や、下掃除代をめぐってトラブルが発生した場合には、契約切り替え時などに下掃除先の江戸住人が他の下掃除人に変更してしまうこともあり、下掃除人からすれば下掃除を継続していくことは大変なことだったのである。

とくに、下肥が商品価値を帯びて金銭などで取引されるようになると、江戸の屋敷主たちは糞尿をできるだけ高価で売却したいわけであり、いっぽう下掃除人たちからすればできるだけ安値で買い取りたいわけであり、両者間の思いは相反していた。こうした状況のなかで、下掃除人の一部には他人の下掃除先を高額な下掃除代を提示して横取りするということもみられた。このようなわけで、下掃除にあたって長年の付き合いによって良好な関係を維持している者たちもいれば、両者間で下掃除代などをめぐって関係が悪化し下掃除の契約を継続できない者たちも少なからずいたのである。

その下掃除代は、本来的には江戸の下掃除先と下掃除人との合意で決まるものであり、一定したものではなかった。ましてや下掃除代というのは、必ずしも金銭だけで取引されていたわけではなく、農産物との交換、すなわち大根や茄子といった現物のほか、沢庵漬けや浅漬けといった農産加工品もあり、あるいはそれらの組み合わせによる取引もみられた。このため、江戸の下掃除はその周辺農村の野菜栽培と密接にかかわり、そうした野菜や農産加工品は江戸の食生活に欠かせなかったのである。

ところで、下掃除人と一口にいっても、大名や旗本などの武家屋敷を担当する者、あるいは江戸の商家や長屋などを担当する者、さらには寺社を担当する者などがいて、下掃除の仕方についてもそれぞれに仕来りがある場合が多かった。大名の江戸屋敷の場合であれば、下掃除人は藩邸から鑑札をもらい受け、この鑑札を見せて自由に出入りし糞尿を汲み取ることができるという形が多かった。

いっぽう、江戸の町方で長屋の共同便所を管理していたのはその差配人である家主であったが、下掃除代の収入は長屋の住民で分配されるようなものではなく、家主の収入となった。喜田川（本名・北川庄兵衛）守貞が著した「守貞漫稿」（『近世風俗志』所収）には、つぎのように説明されている。

江戸は尿は専ら溝湟《こうこう》にこれを棄て、屎《し》、俗に「こゑ」と云ふ。こやしの略なり。屎価、こゑ代と云ひ、屎代は家主の有とし、得意の農夫にこれを売る。稀に尿を蓄ふ者あり。皆代家主に収む。

京師は尿は借屋人の有として野菜と代ふる。

大坂は屎代は家主、江戸に云ふ地主の有とし、尿は借屋人の有とし、得意農にこれを与へて、冬月綿と蕪菜《かぶらな》とをもつてこれに易《か》へんとす。屎価、大略十口の屎一年金二、三分なり。農地に近き所貴価なり。

これによれば、長屋の共同便所を管理している江戸の家主は、その糞尿の売却代金のすべてを収入とすることができた。ところが、京坂では人糞の売却代金は家主の収入であったものの、小便は借家人たちの収入となり分配されるものであった。その際、小便の売却にあたっては野菜などと交換することが多かったようである。なお、人糞の売却代金は一〇口の共同便所一年分でおよそ金二、三分であったという。このように、江戸と京坂とでは長屋における人糞売却の収入が家主の取り分となっていて同じであったが、尿売却の収入については江戸では家主、京坂では借家人の取り分となっていて大きな違いがあった。こうした慣行は各地域によって異なっていたのである

ところで、下掃除人の多くは下肥を必要とする江戸周辺の農民たちであった。しかし、下肥価格が高騰してくると農民でありながら農業を片手間でおこない、下肥問屋・仲買人・小売人となって取引に精を出す者たちも登場するようになった。同様に、江戸の町人のなかからもこの商売に参入する者たちが現れるようになったのである。

寛政期（一七八九～一八〇一）における下掃除人は多様化が進み、下肥値段の高騰とともにそのかかわり方は複雑化していた。寛政元年（一七八九）十二月、江戸周辺の村々が結束して勘定奉行へ提訴した下肥値段引下げにかかわる江戸町々への周知方願いの文書によれば、江戸周辺の農民たちの

なかには、農業を片手間でおこないながら、下肥商売に従事している者たちが大勢いたようである（『東京市史稿』産業篇第三十三）。この者たちが多数であったからこそ、みずからの勝手な論理を振りかざし、利益の追求に奔走して農村秩序を乱す者たちがいたのである。これでは、村落の運営にも支障をきたすようになり、村内の取締りのうえからも不都合であるためその状況改善を願う者たちもいた。下肥値段の高騰は、下肥商売を生業とする者たちによって引き起こされる場合が少なくなかったのである。

いっぽう、下肥商売に従事する者は農民ばかりでなく、江戸の町人たちのなかにもいた。江戸周辺の農民たちからすれば、江戸の町に居住して下肥の商売をしている者たちは「百姓仲間」ではないため、下肥値段の引下げについて協議することもできず、そもそも下掃除渡世は「百姓之持前」と認識されていた。そして、江戸の町人たちに農民の下掃除人と同じような下掃除渡世を手広くやられたのでは、農業経営にも大きな影響が生じると考えていた。

江戸周辺村々の農民たちは、江戸町人による下肥商売を全面的に認めなかったわけではなく、それについての由緒をもっている町人であれば特例として認めようとしていた。しかし、それ以外の町人たちについては幕府の威光で町奉行所に呼び出し、今後は下掃除渡世をやめさせてほしいと願っていた。つまり、町人たちの下肥商売は利益の追求が優先事項であり、その値段が高騰しようともまったく関係なかったのである。しかし、農民たちからすれば、それでは農業経営が成り立たず、農業の未来を危うくするものであり、下肥の値段はその経営と直結していたのである。

この問題は、農業を基幹産業としている近世社会においては大変悩ましいものであった。そこで、寛政四年（一七九二）六月、町奉行所は町方に「市中町人下肥商売禁令」を触れ、江戸町人のなかに下肥商売をしている者がいたのでは農業経営に大きな支障が生じるので、今後は江戸町人の下肥商売を禁止することとし、その者たちに今年中に他の仕事に就くように命じることになった（『江戸町触集成』第九巻、第九八五〇号）。江戸町人による下肥商売は、価格の値上がりを引き起こす要因になるとの判断があったものとみられる。このように、江戸の下肥はその周辺農村では欠かせないものであり、町奉行所は江戸周辺の農業と農民保護の観点から、江戸町人による下掃除渡世への参入を認めないとする考えを打ち出したのである。

しかし、江戸町人が農民の下掃除人の下請として下肥商売にかかわることはくい止めようがなく、しだいに放置したままとなっていった。この禁止令から九年後の享和元年（一八〇一）十一月、江戸の町人二人から町奉行所に江戸市中での小便溜桶設置願いが提出され、同三年九月にその認可が下りた。農民たちが要求している安価な下肥の確保のためにも、町人による公衆トイレとしての小便溜桶の設置願いを認めざるを得なかったということであろう。こうした前例ができあがると、町人による江戸の町での公衆トイレの設置願いは増えていき、その貢献も見過ごせないものとなっていったのである（第二部第三章三〜六を参照のこと）。

四　下肥の取引と市場規模

江戸の町には、下掃除人が江戸の各屋敷から糞尿（下肥）を汲み取って運搬する姿が常にあった。武家屋敷・町人屋敷・寺社を問わず、江戸の人々にとって糞尿は廃棄したいものであり、いっぽうでその周辺農村の農民たちにとっては必要不可欠なものであり、こうした両者の思いのなかで農村へ運び出されていった。そして、江戸の糞尿が商品価値を帯びるようになると、江戸の人々は下肥の生産者となって売却していくことになった。それでは、江戸の下肥はどれくらい農村へ運搬され、その市場規模はどれくらいのものであったのだろうか。

そこで、まず江戸周辺農村の下肥利用状況を確認していくことにする。江戸川西岸の下流低湿地帯に位置づく武蔵国葛飾郡笹ヶ崎村（現東京都江戸川区）の享保六年（一七二一）の「村鑑帳」には、つぎのような記述がある（『須原家文書』一、江戸川区教育委員会）。

一、当村里方ニ而にきわひ之義無御座候、耕作一通りニ而御座候、田畑こやし、田方壱反ニ付下こへ三拾荷ツ、此代金三分ツ、、畑方壱反ニ付下こへ六拾荷ツ、此代金壱両弐分、是ハ春作・夏作共之積りニ御座候、右之下こへ江戸より買上ケ田畑ニ用申候、こやし不仕候得者取実半分も無御座候ニ付、年々入来り申候故百姓困窮仕候笹ヶ崎村の田畑反別合計は、三七町七反八畝二歩（一町歩は三〇〇〇坪＝約九九一七アール）で、田方反別は一九町七反一六歩、畑方反別は一八町七畝一六歩であり、田畑ともほぼ半分ずつの反別であった。そして、この年の家数は農家四五軒、地借四軒、寺院二軒の五一軒であった。また人口は男性一一九人、女性一一八人（いずれも農民のみ）、寺院は五人であった。

作物は田方が米、畑方が瓜・茄子・冬瓜などの野菜を栽培し、それらを江戸の本所で売却していた。肥料は、下肥が主体であり、江戸の町から購入した下肥を用いていた。村では、田方一反歩（三〇〇坪＝約九九二平方メートル）当たり下肥三〇荷を施肥し、その代金は金三分であった。同様に、畑方一反歩当たり下肥六〇荷を施肥し、その代金は金一両二分であった。田畑に投入する下肥の代金は多額にのぼったが、下肥を施肥しなければ農作物の収穫は半分にも満たなかったようであり、下肥を多量に投入せざるを得なかった。このため、農民たちは困窮していたと記録されている。

ここに出てくる一荷とは四斗（一斗＝約一八ℓ）のことで、実際には二斗入りの肥桶二つを天秤棒で担いで一荷とするか、あるいは肥桶四つを馬の背にくくりつけて運んだ。この場合は二荷ということになる。もう一つ、陸上輸送では人力で牽引する小車も利用された。しかし、何といっても下肥輸送でもっとも利用されたものは船であり、その船は肥船《こえぶね》と呼ばれた。船は重いものを多量に運ぶのに便利であり、大体肥船一艘あたり四〇～五〇荷を運ぶことができた。こうして運ばれた下肥は船肥《ふなごえ》と称された。肥船による輸送は地理的条件が大きく作用し、河川が縦横に走っている地域では下肥を大量に運ぶことができる点で大変有利であった。

つぎに、多摩川下流の河川敷に開け、その北岸地域である武蔵国荏原郡下丸子村（現東京都大田区）の享保五年八月の「村明細帳」をみてみよう（『大田区史』（資料編）平川家文書2）。

一、こやしハ酒かす・干鰯・下こえ・醤油かす、反ニ付新金弐分程入申候

一、上田壱反壱両壱分位、中田ハ壱反ニ壱両位、下田ハ反ニ三分位、下々田ハ反ニ弐分より弐分弐朱迄、質地ニ入引仕候

一、上・中畑反ニ金弐分より壱（弐カ）分弐朱迄、下・下々ハ壱分より壱分弐朱迄、質地ニ入引仕候

下丸子村の田畑反別は、田方が一七町一反七畝二〇歩、畑方が一一町四反五畝一歩、合計二八町六反二畝二一歩で、畑方より田方が多かった。しかし、この年、川欠（河川決壊により当分復旧する見込みのない農地）・永荒（災害のため永い間荒廃した田畑）・砂置場により耕作できない田方が八反五畝二七歩、また川欠・永荒・砂置場・郷蔵屋敷により耕作できない畑方が一町七反五畝六歩もあった。家数は本百姓五七軒、水呑百姓七軒、合計六四軒であった。村の人口は男性一八二人、女性一六一人、出家三人、合計三四六人であった。

作物は、田方が米、畑方が小麦・大豆・莇豆・粟・稗・蕎麦・霜粟・大角豆《ささげ》を作付けしていた。農耕肥料は下肥のほか、酒粕・干鰯《ほしか》・醤油粕を用い、田畑一反歩当たりおよそ金二分の肥料を施肥して

いた。ここに登場する田畑の上・中・下・下々という等級は生産量に応じて付されたランクであり、田畑のなかでは上田・上畑がもっとも生産量が高かった。田畑等級ごとの反当たりの肥料投入金額が示されているが、等級のランクが高い田畑のほうがより肥料代が多くかかっており、多量の肥料が施されていたのである。

寛保三年（一七四三）八月の下丸子村の「村指出帳」には、「米穀・前栽物《せんざいもの》之内江戸へ出シ売候品ハ瓜・茄子少々作リ申候」とあって瓜や茄子を江戸へ出荷し、宝暦四年（一七五四）九月の「村明細帳」では、「田畑肥、下肥・干鰯之類、江戸表より買上遣申候」とあって、田畑の肥料としては江戸の町で買い上げた下肥や干鰯を利用していた（『大田区史』（資料編）平川家文書2）。この村では農作物の売却や肥料の購入という点で、江戸の町とは密接につながっていた。

これまで江戸東郊の葛飾郡笹ヶ崎村と南郊の下丸子村の下肥値段を見てきたので、最後に西郊の嘉永三年（一八五〇）における武蔵国豊島郡土支田村（現東京都練馬区）の「村明細帳」を確認しておきたい（『練馬区史』）。土支田村は、石神井川の北方、富士街道の北沿い、白子川の南岸に位置づく村落であった。

一、田方肥之儀者、壱反ニ付下肥拾駄より拾弐駄迄入申候、但、下肥壱駄代、御府内より買揚駄賃共銀五匁

一、畑方肥之儀ハ、壱反ニ付下肥六駄なかはより三駄、灰五斗入三俵入申候、下肥壱駄銭六百文

位、灰壱俵代御府内買揚駄賃共銭弐百四拾八文位

享和四年（一八〇四）二月の「村明細帳」によれば、土支田村の田畑反別は田方が一一町九反五畝一七歩、畑方が三六五町二反六畝二五歩、合計三七七町二反二畝一二歩であり、畑方中心の村落であった。ただし、田方の四町九反三畝一二歩は「前々不作場永取」との記述があり、不作の土地であるため年貢は低額の金銭を納めていた。家数は二二三軒、人口は男性が四七七人、女性が四三七人、合計九一四人であった（『武蔵国土支田村小島家文書』、練馬区教育委員会）。なお、土支田村は近世後期に上組と下組に分かれ、それぞれに村役人を置く村落運営となった。

作物は、田方で米、畑方で麦・粟・稗などを栽培しており、飢饉の際には菜・大根などを食料としていた。肥料については、田方が下肥・油粕で、畑方が下肥・糠《ぬか》・灰・下水などであり、さまざまなものが使用されていた。このうち、下肥は田方が一反当たり一〇～一二駄、畑方が三～六駄半を施肥していた。いずれも江戸の町から購入したものであり、輸送代を含めた下肥一駄の代金は田方が銀五匁、畑方が銭六〇〇文であった。江戸の町からは同時に灰も購入し、畑の土壌改良剤として利用していた。

ところで、文化・文政期（一八〇四～三〇）に入ると、関東村々の経済的発展はいっそう顕著となった。さまざまな地廻り商品の地域的流通の展開が、中央市場としての江戸と結びつくことで、江戸地廻り経済の成立が明確になった。いっぽう、村落内では潰百姓・離村・出稼ぎなどによる農業労働力

の減少、手余り地・荒地の増加、無宿者・博徒の横行などが現象し、また文化末年から文政期にかけては連年不作が続き、関東農村は大きな打撃を受けた。

こうした状況のなかで、すでに関東農村では治安の維持や生活の安定などのために村々の連合体である組合村をつくり、また領主側も各地域に「取締役」を任命しそれらを通じて村内秩序を統制していくことになった。このように、領主側も農村側も、村内の治安や物価高騰などによって生活をおびやかされていたために、「取締役」を通じて自衛策を講じる村々も現れていた。文政二年（一八一九）十月、下総国葛飾郡小金領の一七カ村は、地域の風紀を正すための約束事を厳守し、また荷物輸送や職人・農耕の日雇いの手間賃などの価格引下げに関する協定書を結んでいた（『船橋市史』史料編四・上）。つぎの史料は、そのうち下肥・馬屋肥・油粕などの肥料の値段を決めたものである。

一、下こへ壱艘直段　三月より六月迄　金三分也
七月より十月迄　金弐分弐朱也
十一月より二月迄　金弐分也
一、馬やこへ・はき溜まじり共、金壱両ニ付金壱分ツ、引下ケ
一、酒粕・油粕・醤油粕・飴粕・ぬか・ふすま共ニ　金壱両ニ付弐割引下ケ買取可申候

ここでは、当時、この地域で用いられていた肥船一艘当たりの月々の下肥値段、馬屋肥や掃き溜め混じりの肥料値段、酒粕・油粕・醤油粕・飴粕・糠・「ふすま」などの肥料値段を大胆に引き下げる

価格設定をおこない、その順守を求めた。史料の末尾で、組合村々が一同に集まって順守事項を取り決めたからには背かないこと、またあらゆる商品値段を引き下げること、さらに間違っても値段の高い商品を売らないことなど、きびしい約束を交わしていた。なお、「ふすま」とは小麦を製粉するときに取り除かれる皮の部分（外皮と胚芽）であり、栄養素の高い肥料として利用されていた。

ところで、江戸と周辺農村との間で繰り広げられた下肥の取引とは、どれくらいの市場規模であったのだろうか。そもそも下肥の取引とは、武家屋敷・町人屋敷と下掃除人との個別契約であり、その把握は村単位でおこなわれていた。それも下肥の代価が金銭であったり、沢庵漬けや浅漬けであったり、大根・茄子などであったので、その取引の量や金額を厳密に把握することは不可能であった。

しかし、寛政期の下肥値下げ運動のなかで作成された史料には、それらを推測しうる数値が出てくるので、そこからおおよその市場規模を算出することは可能である。そこで、寛政二年（一七九〇）十二月、江戸周辺村々の百姓惣代が江戸町方での下肥値下げ交渉を実施するなかで記録した数値から考えることにしたい（『東京市史稿』産業篇三十五）。

一、寛延年中之振合之荒増、人数百人ニ付壱ヶ年金弐両位、壱荷ニ付銭三拾弐文位、相場之儀は、振合違も有之候ニ付、当時直《（値）》段半分ニ引下ヶ候ても、右年来ニ可当事

これによれば、寛延年間（一七四八～五一）には、人数一〇〇人分あたりの一年分の下肥値段がおよそ金二両であったことがわかる。また一荷（四斗入）当たりの相場は、銭三二文であった。なぜこ

こで、寛延年間の下肥値段が引き合いに出されているのかといえば、江戸周辺村々の農民たちからみれば寛延年間の下肥値段が農業経営の維持という観点からもっとも理想的な値段と考えていたことに依拠していた。寛政二年に江戸の下肥値段が高騰していたとき、下掃除人たちは町奉行に「寛延年中之直段ニ引下ヶ申度御願申上候」（『東京市史稿』産業篇三十五）とあるように、寛延年間の下肥値段に引き下げてほしいと懇願していた。

そこで、寛延年間の下肥相場を基礎に、江戸の町での下肥の市場規模を推定してみたい。江戸の町方人口については、享保期からはじまった人口調査によっておよそ五〇万人と判明したが、武家方・寺社方などの正確な人口についてはは現在のところわかっていない。いっぽうで、大名や旗本・御家人の数は大体わかっており、それから推測するとおよそ五〇万人であろうと推定されている。これによって、近世中期の江戸の総人口は一〇〇万人を超えていたと推定できる。この一〇〇万人という数字を使って、江戸における下肥の市場規模を計算してみると、前述したように寛延年間には一年間の一〇〇人当たりの下肥価格は金二両ということなので、下肥取引の総額は金二万両ということになる。また一荷（四斗入）の下肥値段が銭三二文ということなので、下肥の総量は三七五万荷（金一両を銭六貫文で換算）と推定することが可能である。

これらのことから、江戸住民一人当たりの一年間の糞尿総量は三・七五荷（一荷＝四斗入）＝二七〇リットル（一升は一・八リットル換算、一荷は七二リットル）、その重さは二七〇キログラム（一リットル＝一キログラム換算）という計算になる。つまり、江戸の町の一年間の下肥の容量は二七万キロリットル、その重さは二七万トンということになる。

　寛政期の下肥値段引下げ運動のなかで作成された史料には、当時の下肥相場は寛延期の三倍程度に値上がりしていたといわれており、それが事実だとすれば下肥の市場規模は金六万両程度に達していたとみられる（『東京市史稿』産業篇三十三）。また、天保期にも江戸周辺村々による下肥値下げ運動が展開されたが、天保十五年（一八四四）六月、武蔵国葛飾郡笹ヶ崎村が作成した「下肥直《（値）》下ヶ規定書」のなかには、「去ル丑年下掃除代金三万五千四百九拾両余」（『須原家文書』四、江戸川区教育委員会）とあり、天保十二年における江戸市中の下掃除代金の総額はおよそ三万五四九〇両であったことがわかる。これは、天保十四年および同十五年に江戸東郊の村々が下掃除代金の値下げを出願した際に、天保十二年における下肥取引の総額がその金額であったことを認め、この値段の一割引下げを幕府が約束したものであった。

　このように、江戸の人々が排泄した糞尿はこれだけの市場規模を有し、その経済効果もきわめて大きかったのである。確かに、江戸の町では近世全期を通して放尿の習慣が認められるが、尿はともかく大便を廃棄する者はほとんどいなかった。しかし、そうした放尿も近世後期以降の街頭における小便所・小便溜桶の相次ぐ設置によって相当減っていったものとみられる。

五　下肥輸送と船持仲間

江戸の住民が排泄した糞尿は、その周辺農村の重要な肥料であった。江戸の各屋敷から下掃除人によって汲み取られた下肥は、図20のような街道を利用した馬背輸送、あるいは河川を利用した舟運を輸送手段として江戸周辺農村に運搬された。とくに、舟運の場合、江戸市中の河岸から下掃除人の肥船で河川輸送路沿岸の村々にある小規模河岸へ輸送された。そして、これらの河岸で仲買商人は下肥を小売商人に売却し、下肥を入手した小売商人はみずから

図20　下肥の馬背輸送
（歌川広景「江戸名所道戯尽十五・霞が関の眺望」筆者蔵）

の船に積み替えて農民に販売していったのである。

　下肥の輸送に用いられた肥船は、図21のように肥取船・糞船・茶船とも呼ばれ、また船内に下肥を入れるための間仕切りがあったので部切船《へぎりぶね》・間船《まぶね》とも称された。いっぽうで、汚穢《おわい》船とも揶揄され、そのすべてが江戸東郊の葛西地域から来ていると思い込まれて葛西船とも呼ばれ、下肥輸送船の代名詞ともなっていた。寛保二年（一七四二）の大水害の際の落首には、「葛西にない物は畳しいた家、たまるものは江戸の雪隠」（『江戸川区史』第一巻）とあり、葛西地域の農民らが江戸の下掃除の主要な担い手となっていたことがわかる。

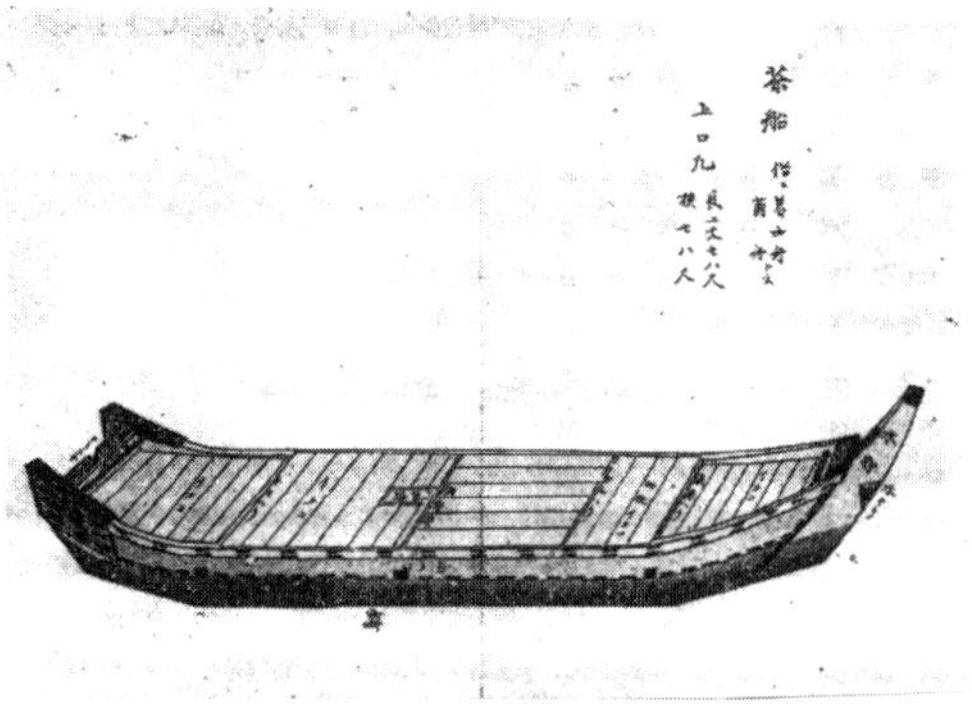

図 21　肥船（『東京市史稿』産業篇三十三）

　この肥船が行き交う河川は、弘化二年（一八四五）十月の河川書き上げによれば、中川通り・江戸川通り・新川通り・古利根川通り・荒川通り・芝川通り・綾瀬川通り・海面（江戸湾）通り・東西小松川境川通り・東西一之江境川通りであった。また、これらの河川に成立した河岸は七七カ所であり、江戸川通りが二四カ所と圧倒的に多く、次いで芝川通り・海面通りの一三カ所であった（『江戸川区史』

東京都江戸川区)。このように、江戸周辺地域の大・中・小河川および江戸湾が下肥輸送路として利用され、これらの輸送路沿岸の村々には数多くの河岸が成立していたのである。

江戸の下肥は、その周辺農村にとっては欠くことのできない貴重な肥料であり、しだいに各村の河岸には肥宿や会所などが設けられ、輸送も販売も組織化されるようになっていった。ちなみに、明治五年(一八七二)四月の「川渠志」(『東京府志料』巻之三)によれば、河川別の船数は中川が六一二艘、船堀川二六七艘、江戸川二四〇艘、荒川一二六艘、綾瀬川六九艘、小松川六七艘、境川三五艘、小名木川三二艘、横川三二艘、中井堀二四艘、竪川二一艘、境川一三艘、北十間川一〇艘、横十間川一〇艘、古上水川六艘であった。なかでも、中川が群を抜いて多かったことがわかる。

このような下肥の流通機構のなかで、改革組合村の大小惣代とその構成村々は諸河川の船持仲間の構成員である仲買商人に対し下肥取引上の統制をおこない、天保十二年(一八四一)一月には幕府に下掃除人が江戸市中の家主から下肥を手に入れるための契約金、つまり「市中下肥元値段」の引下げを要求した。いっぽう、これは大小惣代が管轄する地域の仲買商人に取引上の統制を加えることでもあった。またこの月、勝手掛勘定奉行の井上備前守秀英は、下掃除人が家主との下掃除契約の際に糶り合いをすることを禁じ、町奉行の鳥居甲斐守忠耀を通じて市中諸色掛名主に「市中下肥元値段」の一律引下げを実施するよう要請したのである。

なお、文化二年(一八〇五)、幕府は関東農村の治安悪化への対応として農村支配を強化するため関東取締出役（通称、八州廻り）を創設した。この役職は関東代官の手付・手代から選任され、勘定奉行の支配のもとに幕領・私領の差別なく警察活動や農間余業調査などをおこなった。そして、文政十年（一八二七）、幕府はそうした取締りの効果を上げるため、関東一帯でおよそ四〇～五〇カ村単位とする取締組合（改革組合・寄場組合）を結成し、関東取締出役と連携させた。そして、天保十五年（一八四四）には改革組合村々が下肥値段を取り決めた再議定書を作成し、関東取締出役に提出することになった。

このなかで、文政二年（一八一九）十一月、武蔵国東葛西領の上之割二五カ村、同じく下之割三〇カ村、西葛西領三三カ村、合計八八カ村の惣代が連名で勘定奉行へ下肥値下げの願い出を提出する際、同国豊島郡峡田領村々へも参加を求めた。これに対し、峡田領徳丸本村（現東京都板橋区）の百姓四九人は署名に加わり、下肥値下げ運動に参加することになった。その際、作成されたのが、「糞直《（値）》段引下ヶ方規定帳」である（『徳丸本村名主（安井家）文書』第三巻、板橋区教育委員会）。

その後も、下肥値段は高騰し、天保八年（一八三七）には肥船一艘の値段が金一両二分～二両二分まで値上がりした。このため、天保十四年および同十五年には江戸東郊の武蔵国葛飾郡葛西領村々が勘定奉行に下肥値段引下げを願い出、天保十二年における一年間の江戸市中の下肥取引（下掃除人が下掃除先から買い取る下肥値段、市中下肥元値段ともいう）総額三万五四九〇両の一割値下げを命じた触を出すことを幕府から勝ち取ったのである。これにより、村側は河岸での売捌き値段も一割引き下げることを目指し行動していった。

弘化二年（一八四五）九月、武蔵国葛飾郡新宿村改革組合（二五カ村）所属の下小松村（現東京都葛飾区）は月々の下肥一艘当たりの河岸値段を組合惣代の名のもとで取り決めた（『増補葛飾区史』上巻）。

定

下小松村直（値）段

下肥一艘ニ付

正月　代金壱両弐朱也
二月　代金壱両二朱銭六百文
三月　代金壱両壱分二朱銭四百文
四月　代金壱両弐分銭六百文
五月　代金弐分銭四百文
六月　代金壱両壱分弐朱也
七月　代金三分弐朱銭四百文
八月　代金壱両也
九月　代金壱両弐朱也
十月　代金壱両銭四百文

十一月　代金壱両也
十二月　代金壱両銭弐百文
〆金拾四両銭三貫文
前書之通、下肥直《(値)》段取極、御奉行所様江奉書上御聞済相成候間、判取帳江定メ直《(値)》段相記、現金たり共買方印形いたし売買為致可申候、万一判取帳所持無之、船猥ニ売買為致申間鋪候事
弘化二巳年九月　　組合物代㊞

これは、肥船一艘当たりの月々の下肥値段を定めたものである。下肥値段は一年間を通してみると月々変動しているものであり、その幅を肥船一艘（四斗入り五〇荷）当たり金一両から金一両二分と銭六百文までの間で取引することを取り決めた。これは勘定所に提出し聞き届けられているものであり、また村々が協議のうえ決定したものであるから、「判取帳」には定めた下肥値段を記しておき、たとえ現金取引であっても購入者が捺印して売買するようにと命じられていた。このように、決定した値段での取引を徹底させようとしていたことがわかる。

また同年十月、武蔵国葛飾郡西小松川改革組合（三〇カ村）に属する笹ヶ崎村（現東京都江戸川区）も、村人全員で署名した「下肥直《(値)》段取極再議定」を作成した（『須原家文書』四、江戸川区教育委員会）。笹ヶ崎村が取り決めた肥船一艘あたりの月々の下肥値段を示してみる。

下肥壱艘ニ付　　当村値段

正月	代金壱両銭三百文
二月	同金壱両銭四百文
三月	同金壱両壱分ト銭四百文
四月	同金壱両壱分弐朱ト銭三百文
五月	同金壱両弐分ト銭百文
六月	同金壱両弐分ト銭百文
七月	同金壱両ト銭百文
八月	同金壱両ト銭四百文
九月	同金壱両弐朱也
十月	同金壱両弐朱也
十一月	同金三分弐朱ト銭弐百文
十二月	同金三分弐朱ト銭弐百文
〆金拾三両三分ト銭弐貫五百文	

笹ヶ崎村では下肥値段の幅を肥船一艘（四斗入り五〇荷）当たり金三分二朱と銭二〇〇文から金一両二分と銭一〇〇文までの間で取り決めた。前述した下小松村と比較すると、下限・上限の価格ともより安かったが、それほど大差はなかった。

こうした行動は、江戸川通りや江戸内湾の江戸東郊地域にもおよび、武蔵国葛飾郡東葛西領だけでなく、同郡二郷半領・松伏領、下総国葛飾郡小金領・行徳領村々でもおこなわれた。この背景には、弘化二年（一八四五）一月から河岸における下肥の「定直《（値）》段」が決定し、「組合惣代幷下肥売捌人出府内写取候様十八領村々惣代衆より申来候」（『市川市史』第六巻上）とあって、江戸周辺の一八カ領村々が共同歩調をとるように改革組合の惣代から連絡があり、領々の下肥相場書を写し取って村内の小前百姓に申し聞かせることを指示されていた。その結果、下総国葛飾郡行徳領村々のうち江戸川通りの河原・大和田・稲荷木・市川の四カ村はそれぞれの河岸における肥船一艘あたりの月々の河岸相場に基づいて取引することを決めていたのである。

ところが、翌三年一月になると、江戸東郊の武蔵国埼玉郡八条領、同足立郡平柳領・谷古田領・淵江領、武蔵国葛飾郡二郷半領・西葛西領新田筋・東葛西領、下総国葛飾郡行徳領の村々は、関東取締出役の中山誠一郎に、次のような「下肥値段取極めに付再議定」（『市川市史』第六巻上）についての請書を提出していた。

①　肥船一艘あたりの河岸相場に関する再議定書を二月十五日までに提出すること。

②　月々の河岸相場を記した「判取帳」は、村ごとに名主押印のうえ寄場役人が加判したものを、右の日限までに届け出ること。

③　下肥仲買人がいる組合では、帰村後すぐに各村で寄合を開き、仲買人たちをそれぞれ取り調べ

て、「定直段《値》」の通り売捌かせること。万一従わない者がいたならば、そのことを右日限までに申し立てること。

④　江戸の下肥値段は天保十二年に取り決めたように当時の相場の一割を引き下げることとし、万一引き下げない者がいた場合は、家主の名前を取調べ、すぐに組合惣代へ申し出ること。

これは、各自の下掃除代金や河岸の取引相場がまちまちにならないようにすることを目指し、また各河岸が定めた下肥相場に従って売捌くことを確認させるためのものであった。そこで、弘化元年（一八四四）五月、下肥値段について村人全員の署名により再議定書を作成し、関東取締出役に提出した。

そして、弘化元年七月、領々一同が集まって各河岸の河岸相場を取り決めたが、同年暮になってうまくいかなくなり、勘定奉行の中坊駿河守広風に下肥値段の引下げを提訴することになった。その吟味中、天保十二年（一八四二）の売捌き値段の一割引下げを目安に河岸の取引値段を取り決め、これを「大帳」に認めておき、その値段で下肥仲買人が売捌くことになった。この方針に世話人たちも署名し、糶《せ》り売りや糶り買いなどをせず、また今後は揉め事がないようにすることを申し渡されていた。村々一同はこの内容に納得し、勘定奉行の牧野大和守成綱に一件の示談を申し立て、「済口証文」を提出したのである。

六　武家出入百姓と下掃除

江戸の武家屋敷の下掃除は、江戸周辺の農民との個人（例外的に複数の場合もある）契約によっておこなわれていた。とくに、糞尿の汲み取りやゴミ処分、馬飼料納入・小荷駄御用などのように、大名の江戸屋敷に何代にもわたって出入りして諸関係を取り結んでいる農民は「武家出入百姓」と呼ばれていた。江戸周辺農民のなかには、糞尿の汲み取りで大名の江戸屋敷と密接な関係を有していた武家出入百姓が数多くいたのである。

その代表格は、何といっても葛西権四郎であろう。江戸城の下肥汲み取りは、「明良帯録世職篇」（『新訂増補史籍集覧』武家部法制経済編）によれば、「葛西権四郎、御成先の不浄を掃除す、辰之口へ船三艘を繋置て御成不浄を日そろ河岸へ送る」とあるように、権四郎は御成先の排泄物を汲み取る役割から、毎日、船三艘を使って和田倉門外の辰之口まで漕ぎ寄せ、江戸城の糞尿を汲み取って葛西地域に輸送していた。権四郎家は鎌倉時代以来の名家葛西氏の末裔といわれ、徳川家康の江戸入城以来、葛西の地に土着して百姓となり、代々、江戸城で排泄された糞尿の汲み取りの権利（下掃除権）を与えられていた。こうして、江戸城の下掃除を一手に請負い、葛西領のおよそ六〇カ村の村々に下肥を供給していた。

また、武蔵国多摩郡野方領江古田村（現東京都中野区）の孫右衛門（深野家）は、この村の草分け百姓である旧家だが、天正以来、大名榊原家の江戸屋敷に出入りし、糞尿の汲み取りなどの御用をつとめていた。榊原家といえば、その家祖榊原康政は徳川四天王・徳川三傑の一人に数えられ、徳川家康の信任が厚く、上野国館林藩の初代藩主となった人物である。寛永年間（一六二四〜四四）には康政の孫忠次が藩主であったが、深野家が小石川御門内の上屋敷や茅町の江戸屋敷の下掃除や御厩掃除を命ぜられたほか、馬飼料として苅豆を上納していた（『中野区史』上巻）。

さらに、武蔵国豊島郡野方領上練馬村（現東京都練馬区）の源左衛門（相原家）は、陸奥盛岡藩（南部藩）が貞享四年（一六八七）同郡下土支田村の才兵衛（小島家）が所持する畑反別九町八反七畝一〇歩（同村字八丁堀）を買い求めた際、この抱地（抱屋敷）の屋敷守となり（『武蔵国土支田村小島家文書』、練馬区教育委員会）、同藩から七人扶持・給金一四両の俸禄を支給されていた。こうした関係から、同家は盛岡藩の江戸屋敷（上屋敷は幸橋門内、下屋敷は麻布一本松）の下掃除の権利を得ていたようである。いっぽう、同郡岩淵領下村（現東京都北区）の冨田家は八丁堀抱屋敷の稗や杉葉などの上納にかかわっていた（『北区史』資料編近世二）。安政六年（一八五九）一月、相原家は盛岡藩江戸屋敷の下掃除の権利を抵当に冨田家から金一四〇両を借金したが、結局返済できず、その権利は冨田家に移ることになった。このときの元利には年々の下掃除の収入が充てられていた。

この冨田家は、大名小路にあった岡山藩上屋敷の下掃除の権利を、同国荏原郡品川領下大崎村（現東京都品川区）名主の島田庄八郎と親類の同国葛飾郡西葛西領中之郷河原町（現東京都墨田区）の大堀太郎左衛門より、金二両二分で元治元年（一八六四）から四年間、また金五両で慶応四年（一八六八）

から四年間にわたって取得していた。なお、島田家は岡山藩から毎年中元・歳暮を拝領し、文化三年（一八〇六）には紋付裃《かみしも》の着用を許されていた（『北区史』通史編近世）。

このように、江戸周辺農村の農民のなかには、大名の江戸屋敷から下掃除の権利を与えられて出入り関係を結んでいる者たちが少なからずおり、そうした権利は売買の対象となっていたのである。

七　尾張徳川家の下掃除と堀江家

尾張名古屋藩徳川家は御三家の筆頭であり、諸大名のなかでも最大規模を誇る江戸屋敷を有していた。上屋敷は市ヶ谷（現東京都新宿区）にあり、現在の防衛省敷地である。また中屋敷は江戸城外濠の四谷御門内の麹町（現東京都千代田区・新宿区）にあった。さらに、下屋敷は和田戸山（現東京都新宿区）にあり、避難所と休息用の別邸とを兼ねて整備された。これらの屋敷では、その維持のために江戸周辺農村の農民たちと深い結びつきを有し、なかでも武蔵国多摩郡中野村（現東京都中野区）名主の堀江家とは密接な関係を築いていた。

堀江家の出自は詳らかではないが、その由緒書によれば、中世において越前国から百姓一八人を引き連れてこの地に移り、中野郷の開発をおこない、北条氏の家臣として城山の地（現神奈川県相模原市）に屋敷を与えられていたといわれる。そして、この中野郷は北条氏の直轄地とされ、堀江氏が「中野郷五ヶ村小代官」に任命され、この地域を支配してきたという。

享保十年（一七二五）九月、中野村の宇右衛門は尾張徳川家の上屋敷役人に下掃除の権利を復活してほしいという願書を提出した（堀江家文書J三九）。江戸時代に入ると、堀江家は名古屋藩初代藩主の徳川義直の時代から六代藩主の徳川継友まで江戸屋敷の出入りを許され、市ヶ谷の上屋敷の下掃除を担ってきた。ところが、享保十年二月に上屋敷が焼失すると、その下掃除ができなくなってしまった。その結果、堀江家は田畑に下肥を投入できなくなり、困窮するようになった。

そこで、堀江家は上屋敷が完成するまでの間、麹町十丁目の中屋敷の下掃除をさせてほしいと願い出た。そして、それを認めてくれたならば、若干であれば人馬の御用をつとめると申し出た。しかし、快い返事をもらうことはできなかった。

同様の願い出は宝暦六年（一七五六）一月にも提出されていた（堀江家文書J三七）。ここでは、長い年月にわたって藩の御用をつとめてきたことのほか、初代藩主の徳川義直が堀江家を二、三度訪れていた事実を披歴し、その強い結びつきを強調していた。そうした由緒とこれまでの藩への貢献に対する褒美として、市ヶ谷の上屋敷の下掃除をつとめさせてほしいと願い出たのである。そして、これを認めてくれた場合には、毎年八月までに運上として馬の飼料用の三尺縄結びの苅大豆三〇〇〇把を上納するという条件を提示していた。

ところが、再度の願いもむなしく上屋敷の下掃除の許しは出なかったようであり、明和六年（一七六九）八月にも同様の願書を提出していた（堀江家文書J三八）。このとき、藩は倹約令の趣旨に基づいて下掃除の契約方法として入札制を導入した。その結果、武蔵国豊島郡野方領大久保村（現東京都新宿区）の武兵衛がその下掃除の権利を手に入れることになった。

しかしながら、堀江家当主の宇右衛門は、名古屋藩の初代藩主徳川義直が二、三度も当家を訪れていること、また三代将軍徳川家光の長女千代姫が尾張徳川家の光友のもとに輿入れした際にも御用をつとめたという由緒を前面に打ち出し、たとえ運上金が増額されたとしても上屋敷の下掃除の権利を取得したいと願い出ていた。

この背景には、下掃除の御用を務めなくなってからだいぶ年月が経過し、それにともなって農業経営が苦しくなり、親や妻子の生活も困窮しているという実情があった。このため、下掃除を許されたならば、それに伴う運上金を間違いなく毎月上納すると誓約していた。藩側では、堀江家の藩への貢献の度合いからみて、市ヶ谷の上屋敷と麹町中屋敷内の家臣長屋の下掃除を（堀江）宇右衛門に申し付けてもよいのではないかということになったようである。

そこで、明和七年（一七七〇）一月、尾張徳川家の上屋敷の要請に基づいて、中野村の宇右衛門は上屋敷役人に由緒書を提出した（堀江家文書J三九）。ここには、名古屋藩の江戸屋敷に下掃除のため出入りするようになった経緯や藩祖徳川義直以来の下掃除代金の変遷、この御用を退くようになった顛末が記されている。まず藩祖徳川義直の時代に名古屋藩江戸屋敷の下掃除を担当するようになり、脇差の日雇い一〇〇人を雇いながらその糞尿を汲み取っていた。その後、脇差の日雇いの賃銭分として銭一〇貫文を上納するようになって下掃除を担当してきたが、そののち下掃除の見返りに運上という名目の上納金を支払うようになり、当初は金一五両であったが、のち金三〇両に増額されていた。

ところで、名古屋藩三代藩主徳川綱誠《つなのぶ》の二十男萬五郎は、元禄九年（一六九六）十月二十八日名古屋で生まれ、元服後の正徳六年（一七一六）三月譜代に列して松平通春を名乗り、享保元年（一七一六）七月に従五位下主計頭《かずえのかみ》に叙任された。同十四年六月に陸奥梁川《やながわ》藩主松平義真が没し、梁川藩大久保松平家が断絶したため、同八月、通春は陸奥梁川藩主となって大久保松平家を再興した。このころ、梁川藩の江戸屋敷に出入りしていたのが武蔵国豊島郡大久保村の武兵衛であった。享保十五年十一月には、兄の第六代名古屋藩主徳川継友が没したため、その遺言により通春は第七代藩主となり、翌十六年一月に徳川宗春を名乗ることになった。

こうして、宗春が名古屋藩主となったことで、梁川藩主時代の縁故をもって大久保村の武兵衛が名古屋藩江戸屋敷の下掃除の権利を得ようと運動しはじめた。このなかで、藩は下掃除の契約を入札により決定することを関係者に通達し、中野村の宇右衛門へも入札に参加するよう申し渡したが、宇右衛門は参加せず、これまで通りの契約を願い出た。この結果、武兵衛は入札に参加して、市ヶ谷上屋敷の下掃除の権利を落札することになった。しかし、宇右衛門もかつての下掃除の権利を取り戻すべく、市ヶ谷上屋敷の役人に自家の窮状を訴えながら、下掃除の権利回復を要望していった。

第三章　下肥値下げ運動の展開

一　寛政期の下肥値下げ運動

江戸周辺農村の蔬菜栽培が活発化してくると、その肥料として江戸の下肥の需要が高まっていった。このため、農民である下掃除人たちは掃除場所の確保をめぐって糶《せ》り合い、それにより下肥の価格が高騰していった。農民のなかには、下掃除をしている農民とその下掃除人から下肥を購入している農民とがいて、いっぽうで下掃除先としては江戸の武家屋敷住人と町屋敷住人とがおり、かれらは下肥の生産者という位置づけにあった。

それぞれの立場は複雑であり、下掃除人のなかには自らの田畑の下肥を確保するためだけに下掃除をしている者もあれば、下掃除先をできるだけ確保して商品としての下肥を買い集めようとしている者たちもいて、この場合下掃除場所の確保のためにはその値上げもいとわない立場であった。そして、下掃除に従事せずに下掃除人から下肥を購入する農民たちは、農業経営を安定的におこなうためにも下肥を安く購入したいと願っていた。いっぽうで、江戸の武家屋敷や町方屋敷の住人たちは、排泄物としての下肥をできるだけ高値で売却したいと考えていた。

江戸周辺農村では、下肥価格が高騰するなかで、その引下げを求めて、寛政期、文政期、天保・弘化期、慶応期の四回にわたって下肥値下げ運動を展開した。このなかで、寛政期の下肥値下げ運動は最大のものであったが、すでにいくつかの研究成果が発表されている（熊澤徹「江戸の下肥値下げ運動と領々惣代」『史学雑誌』第九四編第四号。また各自治体史でも多数取り上げられている）。

寛政元年（一七八九）十一月、武蔵国葛飾郡東葛西領ほか十数カ領の村々は、それぞれ惣代を立てて勘定所へ下肥値段の引下げを求めて最初の訴状を提出した（『東京市史稿』産業篇第三十三）。下肥値上がりの理由については、武家屋敷の下掃除代が年季切り替えのたびに値段引上げを命じられていること、また農村側の下掃除人が農民の迷惑を考えずに多量の下肥を確保するために下肥値段を糶り上げて買い取っていること、さらに銭相場が下落しているということであった。このため、訴状では①武家屋敷の下掃除代金を肥船一艘あたり平均金一分ぐらい引き下げてほしい、②町方屋敷の掃除代金も同様のレベルに引き下げてほしい、と要求していた。これがもし達成されると、初春より夏土用までは肥船一艘あたりの代金が金三分〜金一両ぐらいに、土用明けから年末までは金二分〜金三分ぐらいになり、農業経営が安定すると述べていた。

これに対して、勘定所は村々に対して①下掃除代金は江戸の住人たちが値上げしているわけではなく、②結局、下掃除代を値上げしているのは下掃除人たちであると返答し、このため下掃除人たちが結束して申し合せれば下肥値段は値下がりするはずである、そのほか下肥価格を引き下げる方法があるのであれば詳細に言上せよと指示していた。

この勘定所の指示に基づき、農村側の百姓惣代たちは同年十二月、運動参加村々と協議して「議定一札」を作成した。この議定書は、「惣代共帰村之上、領中限小前百姓方え御利解之趣為申聞、此度左之領々相談之上、為申合候」という手続きにより進められた。そこで、武家屋敷や町方屋敷の下掃除について人数一〇〇人あたりの一年分の下掃除代を金一両（金二両の誤りか）くらいにすることを申し合わせた。そのうえで、これまで下掃除をおこなってきた下掃除人の掃除場所をそれ以外の者が糶り落とした場合は、その「領々惣代」に届け出て、今後はそのようなことがないようにすること、またこれまでおこなってきた下掃除を理由もなく放棄し、あるいは勝手に休んだりした場合は他の者が引き受けて、その際下掃除代が増減しないように引き継ぐことも申し合わせた。そして、今後、この約束を破って訴訟に発展した場合は、原告にかかる諸費用を参加村々が高割で負担し支援することも決定したのである。なお、「高割」とは村の規模を示す村高に応じて負担することであり、公平性の高い負担方法であった。

寛政元年（一七八九）十二月になると、百姓惣代は再び三カ条にわたる嘆願書を勘定所に提出した。

①　下掃除の糶り合い禁止を領内で申し合わせ、万一糶り取られた者がいた場合は「領中惣代」に届け出て、その惣代が糶り取った者のいる村落に問い合わせ、下掃除の権利を元の下掃除人に返却すること、また武家屋敷・町方屋敷とも人数一〇〇人あたりの一年分の下掃除代として金一両（金二両の誤りか）を目安に交渉すること、さらに村落で下肥商売をしている者にも下肥

価格の値下げに協力して商売をするように働きかけることなどを承認するように要求した。なお、江戸周辺地域には村という行政単位のうえに「領」と呼ばれる地域（行政）単位があり、これは数カ村から数一〇カ村で構成されていた。この「領」村々の惣代を「領中惣代」と呼んでいた。

② 江戸に居住する町人が下掃除人をしている場合、「百姓仲間」ではないため申し合わせができないので、その商売の「差留メ」＝禁止を要求した。

③ 下肥値段引下げ交渉の実施を「御触流」（行政側が触という形式で伝達すること）により命じ、また武家方・町方・「近在領々」村々の全体に「御触流」を要求した。

この要求に対する奉行所側の回答は、「御触流」は実施できないこと、また下肥のみならず、あらゆる品物の値段を幕府が決めた例はこれまでない、というものであった。そこで、寛政元年（一七八九）十二月十六日、江戸周辺の農村側が「江戸町方計り御触流」に限定して追訴する文書を提出して一歩譲歩するとともに、「村方取締り議定証文」を作成して勘定所に提出するのでその内容を承認してほしいと要求した。

これに対して、担当の勘定役岡本庄蔵は年末で時間的な余裕がないので、来年一月二十日ごろに勘定所へ改めて出向くようにと帰村を命じた。

帰村後、百姓惣代たちは村々の百姓たちにこれまでの詳細を説明し、寛政二年一月二十四日付で改めて下肥値段引下げのための願書を作成した。その内容を要約すると、つぎのとおりである。

①　在方の下掃除人同士の下掃除場所の糶り合い禁止
②　武家方・町方に対する下掃除代引下げ交渉の許可
③　下掃除代を延享・寛延年間ごろの値段を目安として交渉すること
④　町方居住の者の下掃除渡世の禁止
⑤　武家方・町方・在方への下肥値下げについての全体的な「御触流」の実施

これらの多くは、基本的に村側で対処しなければならないものであったが、④は村側だけではどうしようもない問題であり、町方の下掃除人を排除することは「百姓仲間」が結束するためにも重要であった。また下掃除代の引下げを達成するためには、②や⑤のように武家方・町方・在方の協力が不可欠であり、在方だけでは解決できないことを如実に物語っていた。

寛政二年（一七九〇）三月、江戸周辺の三二一カ領村々は六カ条にわたる「下肥直《値》段高直《値》取締議定案」を作成して結束を図ろうとしていた。

①　下掃除代金について、武家方ではこれまで金二〇両ぐらいであった下掃除場所が今では金六、七〇両にもなっている、また町方でもこれまで金一〇両ぐらいであった下掃除場所が今では金三、四〇両にもなっている、さらに享保年中から同じ代金で下掃除をしている、あるいは由緒があって無料で下掃除をおこない、わずかな品物のお返しで済ませているなど、それぞれがま

ちまちであり、値上がりしている場所では延享・寛延期の値段を目安にして下掃除代金の引下げを交渉していく。

② 前々から下掃除をおこなっている者の下掃除場所を他村の者が羅り落とすということをしてはならない。万一心得違いをして羅り落とした場合にはその村の村役人に相談して従来の下掃除人に差し戻すこと。さらに羅り落とした者は過怠（償い）として銭五〇〇文を支払い、その金銭は訴訟費用として活用する。

③ 武家屋敷の都合で下掃除人を交代させる場合、寛政元年十月までの分はそのままとするが、同十一月からはそのようなことを命じられても断り、新規の者が引き受けるということがないようにする。なお、従来からの下掃除人との間で譲り渡しの合意がある場合は特別に認める。町方の下掃除もこれに準じ、たとえ家主の知り合いであっても新規の者が引き受けるようなことはせず、従来からの下掃除人との間で譲渡の合意がある場合は勝手次第とする。

④ 下掃除人が不調法であるとか、下掃除先の意思に背いたりした場合、その村の村役人に通告したうえで下掃除人を交代させることはまったく問題ない。

⑤ 武家屋敷の下掃除では、古くからの由緒によってわずかな納物でおこなっていたり、あるいは下掃除代を余慶に出して高値で買い取ったままの値段で取引をしている下掃除人たちがいるが、今後は船路の遠近に従い田方の下肥仕入れの際には肥船一艘代金を金三分〜一両ぐらいま

でとし、麦作の下肥仕入れの際には肥船一艘で金二分二朱～三分ぐらいまでとし、その間の時期は肥船一艘で金二分～二分二朱ぐらいまでで売却し、陸送の場合も道のりの遠近に従い金一分で三駄半～五駄半ぐらいまでで売却すること。

⑥　このような申し合わせを守って武家方・町方とも契約をすること。町方の下掃除代金は家主の収入になるようなので、下掃除の契約は武家方よりも町方のほうがむずかしそうだが、何回にもわたって交渉し契約を結ぶこと。町方の家主たちが自分の意見ばかりを押し通して交渉がまとまらない場合は、すべての農民と相談し、日数にして二、三〇日も下掃除を休むこととする。ただし、あらゆる物事には進め方というものがあり、下掃除に支障が出るようなことは絶対にしないこと。

そこで、江戸周辺の村々はこの内容による議定書をまとめて提出するので公認してもらい、そのうえで江戸の三人の町年寄へその内容を命じてもらい、町年寄から町々へ通達してくれるように願い出た。これを聞き届けてくれたら、年貢上納も順調に進み、数万の百姓も大変助かるので、その内容に問題がないかどうかについて伺いを出したのであった。

こうした村側からの要求に対して、寛政二年（一七九〇）三月、江戸の南北小口《こぐち》年番名主たちが意見を申し立てた。この南北小口年番名主とは、江戸町方の二三組の名主組合のうち日本橋川を境に南北に分け、日本橋に近い一番組（北）、二番組、四番組（南）を小口といい、それら小口の年番名主のことであった。

農村側の「下掃除人が何年も下肥を汲み取ってきた場所はそのまま継続し、新規の者に交代させることは絶対に認めない。またこれまでの下掃除人と新規の者との間で譲り渡しの合意がある場合は勝手次第とする」という言い分について、南北小口年番名主から反対意見が寄せられた。

町方からは、下掃除代金の引下げについて、寛政元年に下掃除人から町方の家主たちに相談があり、その結果下掃除代金を引き下げてくれた場所もあり、引下げに応じない家主たちもいることは承知しているとのことであった。これまでの交渉は個別の交渉であったが、今回は町方も下掃除人たちも全体で相談し、下掃除代金の引下げについては武家方・町方ともに下掃除人から相談を申し入れるということであるが、自分たちの言い分は町奉行所に申し上げており、今後は下掃除人から家主たちへ相談が持ち込まれた場合、同じことを説明することになるので、町奉行所から個別に相談するようにと申し渡された場合、どうように対応すればよいかということを気にしていた。

下掃除人たちは家主たちから指示を受けると、火事があった場合は仮設トイレを設けたり、通常でも便壺などが破損した場合は替わりのものと交換したり、あるいは下掃除の仕方に問題があった場合には勝手に他の下掃除人に変更したりして下掃除をおこなってきた。ところが、今後、従来からの下掃除人を新規の下掃除人に自由に交代することができなくなれば何かと問題が起きるので、町方の者が迷惑する。

それから、農民の下掃除人たちは以前よりも下掃除代金が値上がりして迷惑であると申し立てているが、みずからが下掃除代金を値上げするから契約してほしいと言ってきているのであり、このように下掃除代金は農民たちが値上げして高くなっていったものである。下掃除代金というのは下掃除人と家主との合意で決まるものであり、下掃除代金のことに事寄せて下掃除人たちのほうが自分勝手な発言をしており、これは下掃除を株式（自分の権利）のように固定するための手段であるように思える。そのようになってしまったら、これまでの通りにはいかなくなる。結局、下掃除人の交代というのは自由にするものであって、下掃除人もそのように心得ていると思う。将来的に下掃除人を自由に交代できなくなれば、下掃除人たちが調子に乗って大きな顔をするか、問題が起きてみんなが迷惑することになるので、下掃除人はこれまで通り自由に交代できたほうがよい、と述べている。

町方と農民（下掃除人）との間には、下掃除代金の引下げや下掃除人の変更をめぐって大きな乖離が存在していた。そこで、寛政二年（一七九〇）五月、勘定所は農村側に下掃除代金を「同直《（値）》段ニて他之者掃除引受候」という条件付きで、町方家主の下掃除人の変更を認めるようにという仲裁案を示した。これに対し、農村側は「表向は同直《（値）》段ニ居置、内証ニて代金相増引請候様成義出来」、つまり表向きは同じ値段で下掃除人を交代したといいながら、実は内証で下掃除代を値上げして下掃除人を交代している、というようなことになってしまうのではないかとして仲裁案を拒否した。

いっぽうで、町方は「家主共自由ニ引替不相成様致度様子ハ、末ニ至り掃除人共申合、格外直《（値）》段引下ケ可申哉、左候ては家主共甚難義可仕候」、つまり家主たちが自由に下掃除人を交代できないようでは将来、下掃除人たちが結託して下掃除代金を引き下げてしまう可能性もあり、これでは家主たちにとって大変困ったことになると反論した。家主たちからすれば、下掃除代金を引き下げられると「少給之家主共難相勤様可相成候」とあって家主の収入に大きな影響が出るということと、「掃除人心得違有之候節は、村役人方え申越次第、村役人罷越、承糺、掃除人引替可申由ニ候得共、右体ニては甚手重ニ罷成、末々ニ至り何様之差支も出来可仕」とあるように、下掃除人に不正があった場合、村役人への連絡義務がきわめて荷の重い業務になると考えていたようである。

下肥値段引下げについての農村側と町方側と

表2　下肥値下げ運動の参加村々と惣代（寛政４年６月）

領　　名	村数	小計村数	惣　　　代
武蔵国葛飾郡東葛西領	55		
武蔵国葛飾郡弐合半領	80		
下総国葛飾郡小金領	23	170	東葛西領金町村名主　勘蔵
下総国葛飾郡行徳領	4		
下総国千葉郡	8		
武蔵国葛飾郡西葛西領本田筋	33	33	上千葉村名主　嘉左衛門
武蔵国葛飾郡西葛西領新田筋	34	34	亀戸村年寄　清左衛門
武蔵国足立郡渕江領	45		
武蔵国足立郡谷古田領	16	61	渕江領大谷田村名主　治右衛門
武蔵国足立郡舎人領	10		
武蔵国足立郡平柳領	15		
武蔵国足立郡谷古田領宿組	12		
武蔵国足立郡木崎領	8		
武蔵国足立郡見沼領	8	72	平柳領領家村名主　平兵衛
武蔵国足立郡安行領	3		

領　　名	村数	小計村数	惣　　　　代
武蔵国足立郡赤山領	8		
武蔵国足立郡南部領	7		
武蔵国足立郡浦和領	1		
武蔵国橘樹郡川崎領	24	24	矢向村名主　忠兵衛
武蔵国荏原郡世田谷領	52	52	北沢村名主　利左衛門
武蔵国多摩郡野方領	55		
武蔵国豊島郡野方領	27		
武蔵国新座郡野方領	16	110	多摩郡野方領中野村名主　卯右衛門
武蔵国多摩郡府中領	6		多摩郡野方領天沼村名主　惣次郎
武蔵国多摩郡世田谷領	6		
武蔵国荏原郡馬込領	15	15	雪ケ谷村名主　幸右衛門
武蔵国荏原郡六郷領	34	34	矢口村名主　佐忠次
武蔵国荏原郡品川領	11		
武蔵国荏原・豊島郡入会麻布領	16	27	品川領居木橋村名主　庄左衛門
武蔵国橘樹郡神奈川領	32	32	住樽村年寄　権兵衛
武蔵国橘樹郡稲毛領	54		
武蔵国都筑郡神奈川領	8	62	稲毛領二子村百姓　源左衛門
武蔵国埼玉郡八条領	35	35	大瀬村名主　平蔵
武蔵国豊島郡岩渕領	18		
武蔵国豊島郡峡田領	16	34	岩渕領西ケ原村触次　権左衛門
武蔵国足立郡赤山領	14		
武蔵国足立郡戸田領	2	16	赤山領清宮新田組頭　八蔵
武蔵国都筑郡小机領	7		
武蔵国多摩郡柚木領	7	50	府中領下布田村名主　市左衛門
武蔵国多摩郡府中領	36		府中領矢野口村年寄　清左衛門
下総国葛飾郡行徳領	36		
下総国葛飾郡小金領	24	60	行徳領市川新田名主　繁右衛門
武蔵国豊島郡峡田領	13		
武蔵国豊島・新座郡野方領	13		
武蔵国豊島・足立郡戸田領	11		
武蔵国足立郡笹目・植田谷領	8	100	峡田領志村名主　藤左衛門
武蔵国足立郡浦和・与野領	21		
武蔵国足立郡見沼・安行領	2		
武蔵国新座・入間郡	32		
総　　計	1021	1021	惣代　２１名

（註）寛政４年６月「下肥直段引下ケ方相願候一件」（『東京市史稿』産業篇第三十八）より作成。

の対立を受けて、勘定所側は両者による熟談で解決するよう求めた。しかし、解決の見通しは立たず、膠着状態が続いた。そして、寛政二年（一七九〇）十二月、一件の処理は町奉行の池田筑後守長恵の管轄へと引き継がれた。そこで、筑後守は下掃除代金が値上がりしているのは農村側が下掃除代金を糶り上げているからであって、その引下げについては家主たちに交渉して調整し、合意に達したら町奉行所へ報告し、吟味を受けること、このため江戸の各町名主たちが家主たちに連絡し、また農村側の惣代たちは下掃除人たちに連絡するように申し渡した。

このなかで、農村側は訴願運動への不参加の村々へその加入を推し進め、その組織化を進めていた。寛政二年二月の段階では武蔵・下総両国二三カ領五四一カ村であったものが、翌三月には三二カ領八七四カ村に拡大し、二カ月後の五月には三七カ領一〇一六カ村（実際には一〇二一カ村、表2）の規模になっていた。こうして江戸の下肥を利用する江戸周辺農村全域の村々が結集し、江戸の町と対峙することになった。

寛政二年十二月、農村側の惣代たちは参加村々の名主たちに対して、つぎのような指示を出した。

① 下掃除の契約金を寛延年中（一七四八〜五一）の値段を目安に、家主たちに引下げ交渉すること。その際、「引請人計りニては行届キ申間敷候間、事馴候者差添可被遣候」とあり、下掃除人だけでなく交渉に手慣れた者を付き添わせること。

② 寛延年中の値段は、人数一〇〇人あたり一年分の下掃除代を金二両程度、一荷につき銭三二文

程度であり、現在の値段は当時のほぼ二倍であることを熟知させること。

③家主との交渉に際しては、交渉の継続ができなくなる事態を避けるとともに、「不法我意」などの発言をしないように注意すること。また交渉が順調なのか、不調なのかをその村の名主に報告することを義務づけた。

下掃除人たちは翌年一月十日までに家主たちと交渉し、同月十五日までに各自の「領々惣代」へ報告することになった。こうして組織的に進められた家主たちとの交渉の結果は、同年一月、「糞引下ケ直《値》段小前帳」の帳簿にまとめられ、まず村方名主に提出され、各村名主から「領々惣代」へ報告された。この報告では、武蔵国多摩郡雑色村（現東京都中野区）の場合、帳簿の体裁を整えるための雛形が示されていた（『中野区史』上巻）。一例を示すと、つぎのようなものであった。

一、何ノ誰様御下掃除　　何ケ年已前より仕来人
　　此糞何拾駄　　百姓　誰　印
　　此代金何両
　　　内何両、此度御引下ケ被下置候

ここには、下掃除人の名前、何年前から下掃除人をつとめているのか、下掃除の契約先、取引駄数、下掃除代金、あるいは金銭のほかにどのような品物（大根・馬飼育用の飼葉・燃料の薪など）で払っているのか、そして今回の交渉結果などを書き上げることになっていた。

実際、武蔵国多摩郡押立村（現東京都府中市）が、寛政三年二月に作成した「下掃除直《(値)》段引下ケ方対談書上ケ帳」（『府中市の近世民政資料集』）の一例を示してみる。

仕来人
次郎右衛門

一、鮫橋家主藤五郎
此掃除壱ケ年三拾六駄
此代金弐分銭五〇〇文　但　壱駄ニ付銭九拾三文三分
銭相場六貫文替
是者先年より高下無之候間、在代金ニ而対談に及不申候

ここには、下掃除人の名前、下掃除の契約先の住所・名前、一カ年の下肥駄数、その支払い代金、一駄当たりの金銭、銭相場、今回の交渉結果、などが書き上げられていた。この交渉結果については、以前から下掃除代金を値上げしていないので現在の代金で対談をする必要はないとしている。これ以外の交渉結果には、「是ハ引下方及対談候所、世間一統ニ引下ケ候ハヽ、其節引下可申旨申候」という記載もあり、押立村の下掃除代引下げ交渉においては江戸の町全体が引き下げるのであればそれに同調するという町方の回答が圧倒的に多かった。

江戸町方の年番名主による下掃除値段引下げの交渉状況は、表3のとおりである。寛政三年

表3　江戸町方における下掃除値段引下げの交渉状況

交渉状況	寛政３年２月		寛政３年10月	寛政４年閏２月
惣家主数（人）		20615	19872	19308
交渉済	引下げに応じている	7973	14304	9537
	下値なので値下げに応じない	868	3909	6392
	前々から交渉は済んでいる	0	112	0
交渉中	内金だけ受け取っている	887	0	0
	下掃除代金を受け取っている	8186	0	0
	交渉中でまだ整っていない	1141	0	0
	他の下掃除人に変更	112	0	0
未交渉	下掃除代金を受け取っている	69	0	0
その他	下掃除契約をしていない	1048	1369	2115
	「振り」掃除人に掃除してもらう	86	138	1171
	空地になっていて下掃除なし	33	40	0
	地主が江戸住人でない	212	0	93

（註）『東京市史稿』産業篇第三十五及び第三十八より作成。

（一七九一）二月の段階で交渉が完了している者は全体の四三パーセントであったが、同年十月の段階では全体の九二パーセント、同四年閏二月の段階では全体の八二パーセントが交渉を完了していた。寛政四年閏二月の段階で交渉完了者が減少しているのは親類などに無料で下掃除をしてもらっている者たち、あるいは自分の所持する畑の下肥として使っているなどの者たちや、同様に「振り」の下掃除人に掃除をしてもらっている者たちが増えているということがある。「振り」とは突然来てなじみのない人たちのことであり、駆け込みでやってくる下掃除人たちが増えていたようである。これらのことによって、農民の下掃除人にその掃除を依頼する者たちが減少していたのである。

寛政四年（一七九二）六月十六日、町奉行の池田筑後守長恵は下掃除代金引下げ一件の訴願吟味を打ち切り、農村側の百姓惣代と町方の年番惣代を召し出して裁許を申し渡し、これに対して両者から請書（了承の誓約書）が提出された。

町奉行が裁許に踏み切った理由として、下肥値段が値上がりすれば諸作物の値段にも影響を与え、また前栽物などが安くなれば江戸町人の暮らしに役立つものなので、下肥値段の引下げについては下掃除人と下掃除先住人との熟談によって決定すべきものであるという考えがあった。そして、江戸中の惣家主数一万九三〇八人のうち九五三七人が下掃除代金引下げの交渉に応じ、その一カ年分の下掃除代金合計金額二万五三九八両余のうち金三六一九両余の値下げが実現できること。また残りの住人は前々から安い料金で取引している者や親類に下肥を無料で汲み取らせている者、そして「振り」の下掃除人に汲み取らせている者たちであり、これらは「直《値》下ケ之不及沙汰」、つまり値下げ対象者ではないという認識があり、全体的には下掃除代金引下げ交渉が終了したと判断したからであった。裁許内容の要点は、つぎのとおりであった。

①　そもそも下掃除代金は両当事者間で決めるべきものであり、町奉行所が「強《しい》て申付候筋」のことではなく、町方による下掃除人の交代の権利はこれまで通りとし、勝手次第に変更することを認めることとする。

②　農村側の「議定」の町奉行所への提出＝公認化については、武家方・町方双方とも支障があって受け入れることができず、「議定案」は差し戻すこととする。

③　農民の下掃除人による下掃除に関する値段糶り上げや下掃除場所の糶り取りは絶対にしてはならず、その禁止を申し合わせた「議定」を取り決めて村役人たちが連印しておくこと。このようにしておけば、農村側が定めた「議定」に違反した者が訴え出てきても、「規定之趣道理」に照らし合わせて「議定」に背いていると「裁許」できることを進言した。

④　江戸町人の下掃除人がいたのでは百姓たちの支障になるので、今後は「差止メ」＝禁止することとする。今年中に他の仕事に就くように申し渡す。

いっぽう、町方の年番名主たちに申し渡した「裁許」には、次のような指摘があった。

⑤　今後、町方の者たちが農民の下掃除人に問題があって交代したいとき、その村役人に断りを入れるのは「手重」かつ「迷惑」と申し立てているので、この件は「是迄之通」とし、下掃除人の交代の際に村役人たちへ断りを入れる必要はない。また今後、下掃除人たちから掃除場所をめぐって糶り合って値上げするなどの申し入れをしてくる者がいても、下掃除代の値下げについて両者の合意ができたのであるから、理由もなく下掃除代金を引き上げることがないようにせよ、とすべての家主たちへ申し渡した。

こうして、長く続いた下肥値段引下げ一件は、町奉行所の裁許によって決着することになった。ここでは、下掃除の取引自体が村側の下掃除人と町方の下掃除先との「相対」でおこなわれているものであり、役所が下肥価格の引下げに直接かかわることはなく、基本的にはこれまでの取引習慣を継続することとし、その細部については両者の「熟談」に委ねられた。町奉行所が独自に判断したのは、町方の下掃除人の存在を否定し、「百姓之持前」＝百姓の権利であることを認め、また村側が「議定」を作成して自主的に下肥値段を下げていくことを奨励したことである。しかし、下肥値段引下げ交渉実施にともなう「御触流」の公布や村側の「議定」の奉行所提出による公認化は認められなかった。

このあと、江戸周辺農村では町奉行の裁許にともない、その請書（了承の誓約書）の提出をめぐり、一部の村々が難色を示していた。この請書は、「規定文面」を認めてその帳面に村ごとの名主・年寄・百姓代の印形を取り揃えることになっていたが、それを提出しない村々が存在していた。

一つは、寛政四年九月、下総国葛飾郡行徳領市川新田（現千葉県市川市）の名主繁右衛門が管轄する村々には下掃除人が少なく、その多くが肥船から下肥を買い入れていた。「規定文面」にはそうした文言がなかったため、その書き加えを要請したことによって押印が遅れていたところ、「願方惣代」の武蔵国葛飾郡東葛西領金町村（現東京都葛飾区）の名主勘蔵らから訴えられたものである。しかし、すでに多くの村々の印形は揃っており、「今更規定文言難相直旨」の連絡があったので、帰村して村人を説得し印形を取り揃えるため提出期限の延長願いを要請し承認されていた。

もう一つは、同年十月、武蔵国葛飾郡西葛西領新田筋「領中惣代」の亀戸村（現東京都江東区）年寄清右衛門が管轄する三四カ村のうち九カ村は印形を揃えてくれたが、残り二五カ村が押印してくれないため町奉行所に訴えていた。これにより、相手村々の村役人が町奉行所に召し出されて事情を説明したが、「中立口上ニては難相分、願之趣書付相認メ、来ル廿五日迄ニ差出」すことになり、決着の見通しがついたのである。当時、下肥値段引下げ運動に参加した村々は江戸周辺地域の三七カ領一〇一六カ村であったが、そのうち九〇〇カ村余の書類提出が完了しているものの、まだ一〇〇カ村余の押印が滞っていた。

二　化政期の下肥値下げ運動

文政二年（一八一九）十一月、武蔵国東葛西領の上之割二五カ村、同じく下之割三〇カ村、西葛西領三三カ村、合計八八カ村の惣代が連名で奉行所へ下肥値段引下げの願書を提出した。その際、豊島郡峡田領村々へもその参加を求めた。これに対し、武蔵国豊島郡峡田領徳丸本村（現東京都板橋区）の百姓四九人は署名に加わった。そのとき、村々が作成したのが「糞直《値》段引下ヶ方規定帳」である（『徳丸本村名主（安井家）文書』第三巻、板橋区教育委員会）。当時、米は値下がりしているにもかかわらず、他の農作物は値上がりしているという状況であった。

これに対して、幕府は米穀の値段を基準に、他の農作物も売買するようにとの法令を出した。このなかにあって、下肥はすべての農作物の生産と密接にかかわるものでありながら値下がりしなかった。これでは、農民たちが農業を維持できないため、下肥値段の引下げを村役人に強く訴え出ることにした。こうした状況を受け止めた江戸周辺の村々はこの問題について相談し、下掃除人ばかりでなく下掃除をしていない人も含めて、文政三年から向こう五年間をかぎり下肥値段を糶り上げないようにするため、つぎのような取り決めをおこなった。

① 江戸の下掃除代金は、それまでの元値段（下掃除の際の買取値段）よりすべて四五％引というこことで町方の家主たちに交渉し、農民への売捌き値段はさまざまな出費もあるのでそれまでの値段の三三％引と決め、去年の取引値段を基準に引き下げて売買する。また下肥値段が引き下げられた場合は現金で取引し、現金の持ち合わせがない場合は下肥問屋から売主へ仮手形を渡しておき、四季ごとに決済する。

② 武家屋敷の下掃除について、下掃除代金を古くから冥加金同様に納めてきた下掃除人は格別として、入札の場合には元下掃除人と相談して入札に参加すること。ただし、町方の家主のなかには親類や縁者などに下掃除を頼み、その代金を受け取ることなく下肥を引き渡しているということがある。これは、百姓仲間で申し合わせた規則に違反することになるので、このようなことは絶対しないように要請する。

③ 今後五年間のなかで、下掃除の権利を譲渡する事案が発生した場合は、まず双方の村役人に申し出て、「領中惣代」へ届け出たうえ譲渡する。

④ もし規則に背いて、下掃除場所を糶り取った下掃除人がいた場合は、その住所・名前を把握して村役人に届け出、交渉しても返却してもらえない場合は、「領中惣代」から奉行所へ訴え出

て取り戻してくれるように願い出る。

⑤　下肥値段を引き下げてくれたからといって荷数を少なくし、あるいは下肥を薄めて品質を落としている者がいた場合、下肥問屋が確認して定め値段よりも安く売買させる。

⑥　下肥問屋がいない地域では、村内で相談して近くで下肥問屋をつくり、直売り・直買いをさせてはいけない。

⑦　下肥値段が値下げとなった場合は、諸地域の値段を統一し、季節ごとに「領々物代」や下肥問屋が一堂に会して調査すること。もし下肥問屋のなかに不正な取引をした者がいた場合にはすぐに交代させる。

⑧　今まで下肥問屋の茶代として一艘につき銭二〇〇文を徴収していたが、今回から銭一四八文に値下げし、その金銭は売り手から受け取ること。また買い手から一艘につき銭四八文を受け取り、そうして集めた金銭は「領々物代」や下肥問屋が一堂に会したときの諸入用として使用する。

⑨　このたび「領々村々」が相談して取り決めたのは、一つの領あたり四、五人ずつを物代として決めておき、奉行所へお願いをする場合は一カ領で一人ずつを物代として出し、それにより下肥値段引下げを願い出、それに伴って必要となる物代入用はすべての村々から銭六〇〇文ずつの積りで出し合い、その費用は「領々村々」が高割で負担する。

⑩　五年間の年季が明けた場合は、「領々村々」一同が相談して取り計らう。

⑪　「領々村々」の惣百姓一同が相談によって取り決めたからには、百姓一同が「規定証文」に連印したものに村役人が奥印して、「領中惣代」に渡しておく。これにより、惣代たちがいろいろと手を尽くしていることに背かない。

こうして、この地域では下肥の値段を引下げ、また不正な取引を取締り、円滑な下肥取引のために詳細にわたる規則を取り決めていた。広域にわたる地域の人々が一丸となって下肥値段を引下げ、諸問題を解決していくための地域秩序を確認していたのである。なお、江戸周辺地域には、村のうえに「領」と呼ばれる地域（行政）単位があり、その村々は数カ村から数十カ村に及び、その惣代が「領中惣代」である。そして「領」がいくつか集まった村々を「領々村々」といい、その惣代は「領々惣代」と呼ばれた。つまり、何人もの「領中惣代」たちの代表が「領々惣代」ということになる。寛政期の下肥値段値下げ運動における「領々惣代」は、時期によっても異なるが、一〇人程度から二〇人程度いて、それらが最大のときには一〇〇〇カ村余を束ねていた。

三　天保・弘化期の下肥値下げ運動

江戸の町の下掃除は多様化し、さまざまな問題が起きていた。江戸市中で下掃除人をしている農民たちは多数に上っていたので、そのなかには下肥値段を糶り上げ（値上げし）て下掃除場所を糶り取り（横取り）している者たちがいた。このようなわけで、文政期の議定内容を破る者たちも出てきて、自然と元値段も高騰し、相互に下掃除場所を奪い合うようになってしまったのである。このため、その後も下肥値段は高騰し続け、天保八年（一八三七）には肥船一艘の値段が金一両二分〜二両二分まで値上がりし取引されるようになっていた。

天保十二年（一八四一）十二月、幕府は米穀などの諸物価の高騰に対して株仲間の解散によって物価引下げを実現しようとしていた。ところが、この株仲間解散令はすべての組合・仲間の停止をうたっていたが、江戸でも十組問屋（江戸で組織された各種の荷受問屋の組合）以外の仲間は自分には関係ないこととして徹底していなかった。そこで、翌十三年三月、幕府は改めて組合・仲間はもちろん、問屋の名目までも廃止し、また物価に関係しないのでこれまで除外されてきた湯屋・髪結床の仲間も弊害があるとして解散を命じた。ついで、同年十月には符帳（商人が商品につけて値段を示す印や符号）による取引を禁止し、商品一品ごとに小札（商品価格を明示した札）をつけ、帳面にも元値段・売捌値段を記入することを命じていた。ところが、さまざまな商品の価格が引き下げられていくにもかかわらず、下肥だけは値上がりし続けていた。

こうしたなかで、天保十四年（一八四三）二月、武蔵国東葛西領・西葛西領本田組・同領新田組・二郷半領・松伏領・同国足立郡渕江領、同国埼玉郡八条領・新方領、下総国葛飾郡小金領二八三カ村の村々が参加し、下肥値段の引下げを要求して勘定奉行の井上備前守栄信に訴え出た。その後、寛政期の前例にならって、町奉行の鳥居甲斐守忠耀にその書類が引き渡された（『新編埼玉県史』資料編一六近世七産業）。

当時、農民たちは下肥を投入できずに作物の実入りが悪くなっており、農業の相続も困難になってきていた。そこで、村々は「寛政度被仰渡議定之姿ニ立戻」って、元値段も売捌き値段も引下げ、今後とも下肥値段の高騰化という問題が起きないようにしたいと立ち上がった。ここでの主たる要求は、寛政四年の元値段の段階にまで引き下げることであった。

町奉行所はこの内容を町方に伝達した。町方からは、下掃除というものは「素より相対之取引」ではあるけれども、下肥が値上がりすれば前栽物などの値段に影響を与える可能性があり、天保十二年における一年間の江戸市中の下肥取引（下掃除人が下掃除先から買い取る下肥値段、市中下肥元値段ともいう）総額金三万五四九〇両の一割引下げで承知することを町奉行に伝えた。

その結果、町奉行所は江戸東部農村の二八三カ村が要求してきた内容を認めることとし、江戸の町方における下肥取引総額の一割引下げを命じる法令を出すことになった。この時の江戸町方名主番組ごとの一年間の下掃除代とその値下げ金額は、表4の通りであり、名主番組ごとの一割引下げ金額が明示された。そして、その取締りについては寛政期に申し渡された内容を下掃除人たちが心得えて相互に糶り上げないようにし、また前栽物などの価格も引き下げるように命じられたのである。

こうして、江戸の町方における下肥取引総額の一割引下げを勝ち取った江戸東郊農村の村々は、同

表４　江戸町方名主番組ごとの１か年下掃除代金及び値下げ金額
（天保 12 年・1841）

名主番組	町数	家主数（人）	下掃除代金	値下げ金額
1 番組	93	996	金 2926 両銀 7 匁銭 800 文	金 292 両 2 分銀 7.439 匁
2 番組	83	920	金 3295 両 2 分銀 3.87 匁	金 329 両 2 分銀 3.387 匁
3 番組	94	1190	金 3417 両 2 分	金 341 両 3 分
4 番組	44	500	金 1688 両 1 分 2 朱銀 6 匁	金 168 両 3 分銀 5.85 匁
5 番組	38	458	金 1299 両 2 分銀 6.75 匁	金 129 両 3 分銀 12.675 匁
6 番組	57	534	金 1649 両 2 分銀 13.63 匁	金 164 両 3 分銀 13.363 匁
7 番組	59	595	金 2110 両 2 朱銀 15.575 匁	金 211 両銀 3.37 匁
8 番組	58	683	金 1526 両 3 分 2 朱銭 22 文	金 152 両 2 分銀 11.27 匁
9 番組	110	1364	金 1960 両 2 分銭 614 文	金 196 両銀 3.567 匁
10 番組	61	753	金 690 両	金 69 両
11 番組	57	684	金 1712 両銭 249 文	金 171 両銀 12.232 匁
12 番組	56	607	金 1524 両 3 分銭 811 文	金 152 両 1 分銀 14.249 匁
13 番組	88	1139	金 1881 両 2 分銀 12.17 匁	金 188 両銀 10.218 匁
14 番組	95	889	金 890 両	金 89 両
15 番組	150	1992	金 2847 両	金 284 両 2 分銀 12 匁
16 番組	65	335	金 998 両 3 分銀 3.75 匁	金 99 両 3 分銀 7.875 匁
17 番組	101	892	金 2507 両 2 分銀 11.087 匁	金 250 両 3 分銀 1.109 匁
18 番組	51	538	金 852 両 1 分 2 朱銭 750 文	金 85 両銀 14.944 匁
19 番組	21	230	金 150 両	金 15 両
20 番組	64	689	金 483 両銭 1183 文	金 48 両 1 分銀 4.094 匁
21 番組	67	151	金 337 両 2 分	金 33 両 3 分
番外新吉原	7	136	金 547 両 3 分	金 54 両 3 分銀 1.5 匁
番外品川	18	175	金 192 両	金 19 両銀 12 匁
計	1537	16450	金 35490 両銀 10.803 匁	金 3549 両銀 1.08 匁

（註）天保 14 年（1841）2 月「武蔵下総両国二八三ケ村下肥値段引下ケ願調」（『新編埼玉県史』資料編 16・近世 7・産業）より作成。

十四年（一八四三）十月、武蔵・下総両国三二カ領の村々とともにその価格を維持していくために「為取替申議定之事」を作成して結束をはかった。その内容は、つぎのとおりである（『田無市史』第一巻、中世・近世史料編）。

① 江戸の武家方・寺社方・町方の下掃除にあたっては、他の者が下掃除代金を値上げして糶り取るようなことは言うまでもなく、たとえ家主の親類・縁者・知り合いであっても元の下掃除人から無断で横取りしないこと。もちろん、元の掃除人との合意によって下掃除場所を手に入れた場合は問題ないが、不誠実な方法で横取りしてはならない。

② 武家屋敷の下掃除について、古くからの由緒によって下掃除を継続している場合は格別に認め、一カ年や季節ごとの入札によって下掃除契約を結ぶ場合であっても、私欲のために下肥値段を引上げて糶り取るようなことはしない。

③ 下掃除代金の相場は、「壱ケ年分十五才已上男女押平均《おしならし》壱人ニ付、銀弐匁七分位」を目安に、それよりも高額な下掃除場所は下掃除代金を交渉して引き下げること。また肥船の船着き場に便利な場所でも下掃除代金を高額なまま改めないのは町奉行所の意思に反しており、大勢の人々の迷惑にもなることなので、絶対に交渉して下掃除代金を引き下げる。

④ 下掃除の業務を株式のように心得て、その権利を保持しようとすることは不届きなことであるので、そのようなことをしないこと。下掃除をしっかりつとめ、おろそかにしたり、いい加減

なことを見過ごしたりしないように、本人は言うまでもなく、雇い人であってもよく申し聞かせておく。

⑤　下掃除について心得違いをし、今後、他人の下掃除場所を糶り取るような下掃除人がいた場合、その村の村役人は連絡がありしだいその本人に申し諭し、元の下掃除人へ下掃除場所を返却すること。下掃除をめぐって訴訟に発展した場合の費用は、糶り取った本人から出させることとし、村入用から出費しないようにする。

しかし、こうした申し合わせにもかかわらず、これらの決まり事を破って下掃除場所を横取りする者が多数にのぼり、また下肥値段の引下げについてもそれぞれの対応がまちまちで行き届かなかった。このため、天保十五年（一八四四）一月、「領々惣代」の武蔵国葛飾郡西葛西領青戸村（現東京都葛飾区）名主の又三郎と同郡東葛西領曲金村（現東京都葛飾区）名主の源兵衛が、江戸に出向いて種々手を尽くしたがその取締りに行き詰まり、その措置を勘定奉行の石河土佐守政平に嘆願することになった。その結果、石河は関東取締出役の中山誠一郎に「在方下掃除一件御取締之義」（『田無市史』第一巻、中世・近世史料編）を委ねることになった。関東取締出役（通称八州廻り）は、勘定奉行の配下で、広域的な警察活動を任務とする役職である。

これにより、八州廻りの中山は、村々に天保十二年（一八四一）一月から同十四年十二月まで三年分の「売捌値段」を取り調べて提出するように命じた。このなかで、「領々惣代」の二人は遠く離れた武蔵国多摩郡上仙川村（現東京都三鷹市）・田無村（同西東京市）・下鷺宮村（同中野区）・中野村（同中野区）、同国荏原郡下北沢村（現東京都世田谷区）の名主らに下肥売捌き値段引下げ方につき共同で対処することを申し入れた。

これに応じた村々は、江戸に出向いて寄合を開き、一村ごとに小前百姓から下掃除場所の横取りをしない旨の請印をとり、改革組合村を単位に取締りのための議定書を作成し請書を提出することになった。なお、当初の出願費用などは「領々惣代」の二人が全額負担し、武蔵国多摩郡野方領村々に負担させないことを約束していた。このように、天保期の下肥値下げ運動も江戸東郊農村が主導し、他地域の村々に参加を呼び掛け、その運動を拡大させようとしていた。

天保十五年（一八四四）六月、武蔵国葛飾郡東葛西領の西小松川改革組合（三〇カ村）所属の笹ヶ崎村は、「下肥直《値》下ヶ規定書」を村人全員で作成した（『須原家文書』四、江戸川区教育委員会）。江戸の下掃除代金が高騰しているのは、江戸周辺村々の下掃除人が「市中下肥元値段」を糴り上げているからであり、今後は寛政期の町奉行による裁決趣旨を守って、村人が下掃除代金を糴り上げず、また野菜の値段をも値下げさせるため、つぎのような申し合わせをおこなった。

①　江戸の武家方・寺社方・町方の下掃除にあたっては、他の下掃除人がおこなっている下掃除場所の下肥値段を糴り上げて（値上げして）糴り取る（横取りする）ことをせず、天保十四年の暮以降、糴り取った分は元の下掃除人に返却するよう村役人が取り計らうこと。もし対応しな

い者がいた場合は関東取締出役に申し立てる。

②武家方の下掃除は、それぞれ由緒もあり、旧来からのやり方もあるので特例として認めるが、その他の下掃除は下肥値段を糶り上げて糶り取るようなことをしない。

③下掃除の「市中下肥元値段」は、天保十二年（一八四一）の下掃除代金を目安として一割引き下げる。とくに、格別高額な場所については改めて交渉し引き下げるようにつとめる。なお、天保十二年の下掃除代総額は、金三万五四九〇両であることを認識せよ。

④下掃除の仕方については、下掃除渡世を株式と心得て道理にはずれたことをしない。このことは下掃除人本人はもちろん、その召使いや雇いの者にも申し聞かせておく。

⑤今回、村々が議定書で決めたからには、天保十二年の各河川河岸相場の一割引下げによって下肥を売買し、糶り売りや糶り買いをしない。「売捌値段」は下肥の売り方と買い方の双方とも改革組合の大小惣代が立ち会いのうえ、「下肥売捌世話人」が所持している「付込状」（種々の事項を書き留めた帳面）を参考に、天保十二年の値段と見比べて取り決める。

⑥下肥の「売捌値段」は、天保十二年の値段と見比べて一割引下げとすることとし、その代金は盆・暮の二度で支払って勘定を済ませる。

⑦村々の下掃除人のうち、江戸の町でわずかな下掃除場所を持ち、あるいは下掃除場所がなく肥船を所持して下肥輸送路の途中で買い集め売捌いて不正な下掃除渡世をしている者、または自

分遣いの下肥を肥船の船頭と馴れ合って抜け買いしている者などが多数いるという風聞があるので、もし捕まえた場合は関東取締出役に申し立ててきびしく教諭する。

⑧　江戸の町に居住しながら下掃除の渡世をしている者は、寛政期に町奉行から申し渡されたように江戸の町では禁止されていることを認識せよ。しかし、町人のなかには町方の下掃除場所を引き受けて、村々の下掃除人の下請けになっている者がいるようだが、それも絶対にさせない。

このように、下肥値段を引き下げるために、村人が一丸となって種々の約束事を盛り込んだ議定書を作成した。しかし、その後も議定書の内容を破り、勝手な行動をとる者たちが後を絶たなかった。このため、村々は勘定奉行の石河土佐守政平にその対応を願い、また下掃除場所の糶り取りや売捌きに関することは関東取締出役にその取締りを委ねることにした。また、土佐守は村人のなかに違反者がいた場合には組合惣代から申し立て、その違反者を教諭するように命じたのである。これにより、組合惣代は評議のうえ関東取締出役に願い出て、村落から違反者が出ないように改めて議定書を作成したのであった。

こうした状況のなかで、武蔵国葛飾郡東葛西領上之割・下之割の村々は、弘化元年（一八四四）五月と七月の二度にわたって寄合を開き、各種の申し合わせをおこなった。この時、東葛西領村々が一同に集まって、各河川における下肥の河岸値段その他の取り決めを相談したがその調整がうまくいかず、ついに勘定奉行の中坊駿河守広風に吟味を願い出て、ようやく河岸相場の公定値段を設定した。

この背景には、下肥問屋や村々の利害が一致しなかったという事情があったように思われる。

これに続いて、五カ条にわたる下肥取引上の取り決めをおこなっていた。その内容は、つぎのとおりである。

① 下肥の売捌きにあたっては、河岸の世話人宅にその値段を張り出しておき、間違いがないように売買する。このことから、河岸の世話人と称される問屋を媒介としながら下肥の取引がおこなわれていたことがわかる。なおここで、売捌きの世話人を問屋と呼んでいないのは、天保十二年（一八四一）十二月から嘉永四年（一八五一）三月まで続く株仲間解散令の発令期にあたっていたからとみられる。

② 下肥の仲買人がいる村落では、船一艘ごとに村の名主が押印した「判取帳」一冊ずつを渡しておき、下肥を積み送る際に「判取帳」へ村々の値段を付して送り、買い方の者も押印する。このことから、肥船の所有者には仲買人が多かったことがわかる。そして、「判取帳」を所持していない船は勝手に下肥を売買させない。また毎月、村役人が「判取帳」を改め、下肥値段が間違っていた場合にはすぐに対応する。なお、売捌きの世話人がいない場合には、相対で売買し、村落もこれまでと同様に取り計らう。

③ 下肥値段を引き下げたうえ、買い方の者が相対で取り決めた値段よりも高値で買った者がいた場合は値下げの趣旨に反するので、取り決めた値段の通りに買い受ける。また下肥代金の支払

いは盆と暮の二度で勘定を済ませる。

④下肥値段が引き下げられたからといって、下肥量を少な目にするなどの不正な取引をしている者がいた場合は、その商売をやめさせるように取り計らう。

⑤天保十四年（一八四三）以降、江戸の町で下掃除場所を糶り取った者はいうまでもなく、懇意の者から頼まれて汲み取るようになった者も元の下掃除人に返却する。もし今後、そのようなことをしている者がいた場合は、糶り取った場所を返却することはもちろん、これまで従事してきた下掃除の仕事もやめさせる。

このように、改革組合村やその物代らによって運営された評議による価格統制策には限界があるため、幕府に対して江戸市中での糞尿の汲み取り契約金の引下げを要求した。いっぽう、仲買人と小売人との取引値段の制限を通して下肥の小売値段の高騰を抑制するために、地域の村々に問屋（世話人）を設定しようとしていた。このことは、仲買人に船持仲間を結成させ、地域の流通秩序を制御しようとするものであったとみられる。

こうした行動は、江戸川通りや江戸内湾の江戸東郊地域にもおよんで、武蔵国葛飾郡東葛西領だけでなく、同郡二郷半領・松伏領、下総国葛飾郡小金領・行徳領の村々でもおこなわれた。この背景には、弘化二年（一八四五）一月から河岸における下肥の「定《さだめ》直《(値)》段」が決定し、「組合惣代幷下肥売捌人出府内写取候様十八領村々惣代衆より申来候」（『市川市史』第六巻上）とあって、その「定直《(値)》段」

について江戸周辺の一八カ領村々が合意するようにと改革組合の惣代から連絡があり、領々の下肥相場書を写し取って村内の小前百姓に申し聞かせることを指示されていたのであった。その結果、下総国葛飾郡行徳領村々のうち江戸川通りの河原・大和田・稲荷木・市川の四カ村は、それぞれの河岸における肥船一艘あたりの月々の河岸相場に基づいて取引することを決めたのである。

　ところが、弘化三年一月になると、江戸東郊農村の武蔵国埼玉郡八条領、同足立郡平柳領・谷古田領・淵江領、武蔵国葛飾郡二郷半領・西葛西領新田筋・東葛西領、下総国葛飾郡行徳領の村々は、関東取締出役の中山誠一郎に、次のような「下肥値段取極めに付再議定」（『市川市史』第六巻上）についての請書を提出していた。

①　肥船一艘あたりの河岸相場に関する再議定書は、二月十五日までに提出する。

②　月々の河岸相場を記した「判取帳」は、村ごとに名主押印のうえ寄場役人が加判したものを、右の日限までに届け出る。

③　下肥仲買人がいる組合では、帰村後すぐに各村で寄合を開き、仲買人たちをそれぞれ取り調べて、「定直《（値）》段」のとおり売捌く。もし従わない者がいたならば、そのことを右日限までに申し立てる。

④　江戸の下肥値段は天保十二年に取り決めたように下掃除代総額の一割を引き下げることとし、もし引き下げない者がいた場合は、家主の名前を取り調べてすぐに組合惣代へ申し出る。

表5　下総国葛飾郡行徳領村々における江戸下肥一艘分の河岸値段（弘化3年・1846）

月	市川村	稲荷木村	大和田村	河原村
1月	金3分2朱、銭400文	金1両、銭100文	金3分2朱	金1両、銭600文
2月	金1両、銭500文	金1両2朱、銭200文	金1両、銭500文	金1両2朱、銭400文
3月	金1両2朱、銭700文	金1両1分、銭100文	金1両2朱、銭500文	金1両1分、銭400文
4月	金1両1分、銭500文	金1両1分2朱	金1両2朱、銭500文	金1両1分2朱、銭300文
5月	金1両1分、銭500文	金1両1分2朱	金1両2朱、銭500文	金1両2分、銭200文
6月	金1両2朱	金1両1分、銭400文	金1両2朱	金1両2分、銭200文
7月	金3分2朱、銭400文	金3分2朱、銭400文	金3分、銭200文	金1両、銭100文
8月	金3分2朱、銭400文	金3分2朱	金3分、銭200文	金1両、銭400文
9月	金3分、銭200文	金3分2朱、銭400文	金3分、銭200文	金1両2朱
10月	金2分2朱、銭700文	金3分2朱、銭400文	金3分、銭200文	金1両2朱
11月	金3分、銭200文	金3分、銭600文	金3分、銭200文	金3分2朱、銭200文
12月	金3分、銭200文	金3分、銭600文	金3分、銭200文	金3分2朱、銭200文
計	金11両1分、銭4700文	金12両1分、2朱銭3200文	金10両3分、2朱銭3200文	金13両3分、銭3000文

（註）『増補葛飾区史』上巻、『須原家文書』4、『市川市史』第6巻上より作成。

これは、各自の下掃除代金や河岸の取引相場がまちまちにならないようにすることを目指し、また各河岸が定めた下肥相場に従って売捌くことを確認させるためのものであった。

弘化元年（一八四四）五月、下肥値段について村人全員の連印による再議定書を作成し、それを関東取締出役に提出した。また同年七月、領々村々一同が集まって各河岸の河岸相場を取り決めたが、同年暮になってうまくいかなくなり、勘定奉行の中坊駿河守広風に提訴することになってしまった。その吟味中、天保十二年（一八四一）の下掃除代総額の一割引下げにより河岸の取引値段を取り決め、これを「大帳」に認めておき、その値段で下肥仲買人が売捌くことになった。世話人たちもそれに押印して糶り売りや糶り買いなどをせず、今後は揉め事がないようにすることが申し渡されていた。こうして、一同は納得し、勘定奉行の牧野大和守成綱にこの一件の示談を申し立て、「済口証文」を提出したのであった。

そこで、弘化三年（一八四六）三月、下総国葛飾郡八幡町（現千葉県市川市）改革組合は、改めて江戸川通りに河岸がある市川・稲荷木・大和田・河原（いずれも現千葉県市川市）の四カ村の肥船一艘あたりの河岸相場を取り決めた。また前述した笹ヶ崎村が弘化二年十月に作成した再議定書で取り決めた五つの条文と同様の内容を申し合わせて再議定をおこなった。四カ村の肥船一艘あたりの河岸相場は、表5に示した通りである。この四カ村では、弘化二年（一八四五）七月に取り決めた河岸相場の見直しをおこなっていた。

なお、稲荷木・大和田の両村は、弘化二年七月の河岸相場の決定にあたって、七月・八月・九月の三か月は天保十二年（一八四一）の記録がないので近隣地域の値段を参考に見きわめることにしていた。この結果、市川村の河岸相場については変更がなかったが、稲荷木村は一年間の下肥代金総額を金一二両一分二朱と銭二貫五〇〇文から金一二両一分二朱と銭三貫二〇〇文へ、大和田村が金一二両一分二朱と銭二貫五〇〇文から金一〇両三分二朱と銭三貫二〇〇文へ、河原村が金一三両三分と銭二貫五〇〇文から金一三両三分と銭三貫文へと改めていた。

四　慶応期の下肥値下げ運動

慶応三年（一八六七）五月、江戸周辺村々に下肥値段引下げについての触書が出された（『越谷市史三』史料一）。この内容は、当時諸物価の高騰に伴い、江戸町々の家主たちが下掃除代金を引き上げたということで、下肥の値段が値上がりし、そのうえ肥料としての効き目が薄くなっているというものであった。これは、肥船で下肥を買い取っている船乗たちが、以前は下掃除場所から汲み取った下肥の一艘分の荷物量を五〇荷と定めて売却していたが、この時期になるとその者たちが下肥二、三〇荷を汲み取って肥船に積み替え、輸送途中で多量の水を加えて五〇荷に増やし、それに加えて四〇荷を一艘分（五〇荷）の代金で売却し、残りの一〇荷を「四分一」と称して増金を要求していた。これは、「壱艘四分一積」と呼ばれる不正行為であった。

また江戸の町では、少しの下掃除場所しか持っていないにもかかわらず数多くの船数分を売捌き、あるいは下掃除場所をまったく持っていないにもかかわらず下肥商売をしている者たちがいるらしいとの噂があった。そうした者たちは、下肥の船乗たちと馴れ合って輸送途中で水を加えて一艘分（五〇荷）にするという不正な取引をおこない、また下掃除場所を持っている船乗たちの下肥や不正な取引をしている者たちの下肥も、肥料としての効き目が薄く作物の実入りも減っていた。このような下肥を蓄えておいても腐敗するなどして、農業の支障になっている場合が少なくないという情報も広まっていた。

そこで幕府は、不正な下肥商売をしている者たちを探索し逮捕することに踏み切った。なお、江戸の家主たちへの下肥値段の引下げについての命令は町奉行から触れてもらい、江戸周辺村々の下肥輸送の船乗たちや下肥商人たちへは改革組合村の大小惣代や寄場役人から伝達してもらうことになった。こうして、法令違反の者たちをすぐに逮捕すると申し渡していた。

江戸周辺村々の村役人および下肥商人ら一同は、同年五月、幕府法令の遵守のため、つぎのような請書を提出することになった。

①　江戸の町で下掃除場所を持っている下掃除人を一人ずつ調査し、家主と交渉して不正をしている者をやめさせる。また江戸の町で下掃除場所を持たずに下肥渡世をしている者の商売を禁止するなどして厳しい対応をとる。

②　船乗や下肥商売の者が不正な方法で下肥を売捌いていた場合は取調べのうえ差し押さえること。その際、寄場役人や大小惣代もその行為を糾明し、その違反者本人をすぐに引き渡すなどしてきびしい対応をとる。

③　運送途中で下肥に水を加えている船頭は、たとえ他の改革組合村の船頭であっても見かけしだいすぐに取り押さえ、大小惣代や寄場役人が糾明して厳しい対応をとる。

④　寄場役人や大小惣代、さらに道案内の者は常に組合村々内を見廻り、不正を見かけしだい取り押さえ、肥船はその地先の村預け、違反者本人は村役人預けとする。またそうした者たちを預

かっているとの書面を提出する。

⑤　下掃除場所については、近年、親類・縁者などと偽って多額の増金を要求している者たちがいるとの噂があるが、これはもってのほかのことなので、今後は江戸の家主たちと馴れ合って下掃除場所を糶り取っている者がいたならば、しっかり調べて書面にして提出する。

⑥　肥問屋の下肥を積み入れたときにしっかりと改め、水を加えている分は論外であるが、不正のない商品によって取引することはもちろん、肥船一艘分は四斗入五〇荷と定めてこれを守る。近年は肥船一艘で「四分一増」または「何荷増」と称して商売している者がいるが、このようなことはしない。また「一艘半積」は七五荷と定めて不正のないように売捌く。もし不正な下肥を積んでいる者がいた場合は、それを寄場役人や大小物代に報告する。結局、問屋たちと馴れ合って不正な下肥を売買していた者が取調べによって判明した場合すぐに引き渡す。

こうして、改革組合村の組織を活用し、領主と村落とが協力して下肥価格の引下げと不正な取引の一掃に取り組もうとしていた。それを実現するために、下肥商売の取締りとして寄場役人らが廻村し、その関係者を呼び出して説諭することにしていた。しかし、肥船の持主や船頭、さらに下肥商売の世話人たちのなかには、欲深さによって自己の所業を顧みず、農民でありながら他の農民たちに迷惑をかけ、下肥に多量の水を加えるなどして利益を追求することのみに奔走する者たちがいた。そのため、大小物代らは組合内の村役人たちに、村内の不正な下肥商売従事者たちが自らの過ちに気付くよう粘り強く説得することに協力を求めていた。そして、そうした決まり事の内容に聞く耳を持たずに違反を繰り返している者たちを届け出て逮捕してもらおうともしていた。しかし、その実現はきわめてむずかしく、そうした統制もしだいに崩れて下肥の値上がりに歯止めをかけることはできなくなっていた。

同年五月、村々はつぎのような請書も提出していた。

①　江戸の町で下掃除をしている者たちを江戸の家主たちに問い合わせてみて、これまではどこの村の誰といくらの下掃除代金で契約していたが、どこの村の誰から下掃除代金を値上げするので契約したいと申し込まれたのかを取り調べることになった。このようにして下掃除人同士が下掃除場所の獲得をめぐって争い、下掃除代金を糶り上げることになったので、自然と下肥の値段が高騰することになった。今後、江戸表における下掃除代金の糶り増しについて家主たちへの問い合わせの結果申し出があったときには、糶り増ししている者の村役人たちに相談して差し止めるように申し合わせておけば、下肥値段が値上がりすることはない。

②　江戸東郊農村の東・西葛西領、二郷半領、渕江領、八条領村々で肥船を持ちながら、荒川・綾瀬川・古利根川・江戸川通りの川沿いで下肥商売をしている者たちへ、改革組合村ごとに惣代たちの名前を認めて押印した帳面を渡しておくようにする。そして、下肥を売り渡すたびごとに受け取った代金を帳面に認め、その帳面を毎年六月と翌年正月に改めることにする。また帳

面を持っていない者の船肥は購入しないと申し合わせておけば、自然に下掃除場所を持たない者たちの不正な商売ができなくなって取締りができるようになる。

この内容を、組合ごとに村役人たちが村内で下肥商売をしている者は言うまでもなく、下肥を買い取っている者たちへも連絡しておけば、取締りが徹底するようになる。そのようにして、下肥値段を引き下げていくことを申し合わせた。

その後、同年五月二十四日、武蔵国埼玉郡の「八条領組合」所属の村々は村役人の三判連印による五カ条からなる議定書を作成した。

① 今般の下肥の取締り向きに関して、今後、村内の下掃除人のなかに下掃除場所を糶り取る者がいた場合、その当人の取り押さえは言うまでもなく、村役人や大小惣代まで取り調べて、関東取締出役の廻村先に申し立てる。また下掃除先の汲み取りが遅れている場合はそのあとの引継ぎを済ませて大小惣代・寄場役人へ申し立てる。

② 肥船の船乗たちが下肥を江戸から搬送中、規則を破ってひそかに売買している者がいた場合、見つけしだい村役人を通じて大小惣代・寄場役人へ申し立てる。

③ 下肥の搬送途中で、船頭たちが下肥に水を加えていた場合、どの村の船頭であっても見かけしだい差し押さえて、大小惣代・寄場役人へ申し立て、糾明のうえ厳重に対処する。

④ 下肥値段は河川ごとに問屋たちが立ち会い、時価相場を決め、それを大小惣代・寄場役人へ届

け出、不正のない取引をする。なお、不正な取引をしている者を差し押さえて寄場や大小惣代へ申し出た者には褒美金として金一両を差し上げ、そのほか入用などが発生した場合も同様の扱いとする。

⑤　船持たちが下肥輸送で江戸に向かう場合は、組合寄場の大小惣代の押印のある「判取帳」を渡すので、どこで売買してもその受取証を記録しておく。なお、「判取帳」を持っていない者とは決して取引しないようにする。

同日、これに加えて、村人たちは「八条領寄場組合」の大小惣代の名で、「判取帳」の前文に下肥取引の不正防止の趣旨を示して厳守するとともに、前述した「壱艘四分一積」と称される不正行為をせず、一荷四斗入の五〇荷を肥船一艘とする下肥商売にすることを求められた。

このように、関東取締出役（通称、八州廻り）と寄場組合の大小惣代・寄場役人とが連携し、不正な下肥取引を防止することにしていた。そして、基本的には組合ごとに不正行為者を取り押さえて関東取締出役に引き渡すことになっていたのである。

このような動きは、他地域でもみられた。慶応三年（一八六七）八月、関東取締出役は下肥価格の値上げを防止するため詳細な指令を出した（『増補葛飾区史』上巻）。このころ、武蔵国葛飾郡東・西葛西領、同国豊島郡・足立郡淵江領、同国埼玉郡八条領の村々で下肥商売の従事者のなかには、肥船を使った下肥の運搬に際して芝や水を加えてその量を水増しして売却しようとしている者たちがいた。水で薄めた下肥は肥料としての効き目が弱いばかりか、それでも価格が値上がりしているということで農家を困らせていた。

そこで、関東取締出役は下肥の取締りを強化するための法令を触れ、その水増し違反をしないように説得することにした。しかし、下肥値段は値下がりするどころか、値上がりし続けていた。この背景には、他人の下掃除場所の下肥値段に上乗せして横取りする者たちの横行があった。

このため、関東取締出役は村ごとに江戸の下掃除場所を取り調べて帳面を作成するように命じた。これは、下肥値段を値上げし、あるいは下掃除場所を横取りする者たちを突き止めるためのものであり、そうした者たちがいた場合にはその村の役人に掛け合って止めるように取り計らってもらうためのものでもあった。今後、改革組合村ごとに大小惣代や寄場役人が取締りにあたり、それでも従わない者がいた場合には関東取締出役に届け出て指図を受けようとしていた。

そして、東・西葛西領ほか二カ領の村々で肥船を所持し、周辺の川沿い村々に下肥を売却している者たちには、かれらが所属する改革組合村の惣代の名前を押印した帳面を渡しておき、下肥を売却するたびごとにどれくらいの売却代金を受け取ったのかをその帳面に書き留めさせることにした。

また、江戸内湾沿いの武蔵国橘樹郡綱島村（現神奈川県横浜市港北区）や武蔵国荏原郡六郷領大森村（現東京都大田区）の改革組合村々のなかには、東・西葛西領ほか二カ領村々の者たちよりも下肥を多量に買い取っている者たちがいたので、関東取締出役の申し渡しの内容をよく理解させることが命じられていた。このため、組合物代の認印のある帳面を所持していない者からは下肥を購入しないように申し渡されていた。

このとき、綱島村や大森村の改革組合村以外でも、東・西葛西領村々やそれ以外の村々から下肥を購入している場合は同様の方法をとることが命じられていた。こうして、下肥商売をする者たちは組合物代に届け出て、帳面に名前を登録してから商売を始めることが義務づけられていたのである。

関東取締出役より命じられた前述の内容を受けて、武蔵国多摩郡押立村（現東京都府中市）では、慶応三年（一八六七）九月二十五日、つぎのような「議定一札之事」のほか、村人の「下掃除場先姓名帳」を布田宿（現東京都調布市）改革組合の寄場（上布田宿）に提出した（『府中市の近世民政資料集』）。

①　私たちの組合は葛西領をはじめとする川沿いの村々のように肥船を使って下肥を運搬している地域とは異なり、台地の村々なので馬や小車などを用いて自分遣いの分だけの下肥を買い取っているので、それほど多くの荷数を購入しているわけではない。しかし、近ごろは肥料が不足するようになり、他の下掃除人の下掃除場所を羅り取る（横取りする）悪い習慣も止まず、農民が相互に下肥値段を糶り上げているのでしだいに下掃除代が値上がりし、それにより農民全員が困るような事態になってしまった。今後、改革組合村ごとに下掃除人やその場所を書いた「場所附帳」を作成し、この帳面を寄場に提出しておくことにする。もし下肥値段を糶り上げ

（値上げし）、あるいは下掃除場所を糶り取った者がいた場合は、組合・家主・親類・知り合いの者であっても、その地域の役人に交渉し、糶り取った者が元の下掃除人へ間違いなく返却することとする。万一、その地域の役人がおろそかな取り計らいをしていた場合は、組合の構員やそれ以外の者を問わず大小惣代に相談し、それでも返却しなかった場合は関東取締出役に申し立てることにする。なお、下掃除場所をめぐって示談が成立し、その引き渡しが完了したらそれを申し出て帳面を確認し、また毎年六月に寄合を開いて下肥の売買分を照合して改めることにする。

② 武家屋敷の下掃除については、その由緒に基づき以前からの仕来りがあるものは格別のこととする。しかし、それ以外のものについては一カ年、あるいは一季ごとの入札の場合であっても、私欲に執着して下掃除代の増額を申し入れ、糶り取るようなことをしない。この点について心得違いの者がいたならば、従来通りに取り計らう。

③ 下肥の売買について、このほどその方法が決まったが、下掃除人個々が下掃除の権利を「株式」のように認識して心得違いをしないように気をつける。下掃除人本人は言うまでもなく、下請の雇い人にいたるまでよく熟知させておく。

④ 下掃除をめぐって下掃除場所を糶り取った者がいた場合は、その村の役人に通報し、違反者を説得しても埒が明かなかった場合は訴え、それに要した裁判費用を組合ごとに取り決めて負担

し合い、糴り取られた本人のみに負担がかからないようにする。

この改革組合村では、関東取締出役の協力を得て、下肥値段を糴り上げ、あるいは下掃除場所を糴り取る行為を絶対に見逃さないという方針で臨み、下肥値段の引下げに全力で取り組むことになったのである。

こうして、幕末まで江戸周辺農村では下肥の値上がりと不正取引に苦慮していたが、いっぽうで政局も大きく動いていた。慶応三年十月十四日、十五代将軍徳川慶喜は二条城において政権を返上する大政奉還の上表文を朝廷に提出し、翌十五日、それを天皇が勅許し、江戸幕府は崩壊することになった。その結果、下肥取引をめぐる課題解決は明治新政府に引き継がれていくことになったのである。

第四章　江戸の町と農村の下肥取引

一　多摩郡押立村の下肥取引

武蔵国多摩郡押立村（現東京都府中市）は、もともとは多摩川の北岸に位置していたが、近世前期の多摩川の流路変更により、村が南北に分断され、北岸が押立本村、南岸が向押立（のち向島新田、現東京都稲城市）と呼ばれるようになった。天保郷帳によれば村高は四四〇石余、化政期の家数は七九軒であった（『新編武蔵風土記稿』第六巻）。

押立村には、寛政三年（一七九一）二月に作成された「下掃除直《（値）》段引下ケ方対談書上ケ帳」（『府中市の近世民政資料集』東京都府中市）という帳簿が残っている。この帳簿は、寛政元年からはじまる江戸周辺農村の下肥値段引下げ運動の過程で作成された。そこで、記載内容の一例を示すと、つぎのとおりである。

一、麹町拾三丁目家主定右衛門　　　仕来人　安右衛門
　此掃除壱ケ年九拾六駄
　此代金弐両弐分弐朱　　　但、一駄ニ付銭百六拾壱文五分
　　　　　　　　　　　　　　銭相場六貫文替

是ハ引下方及対談候所、世間一統ニ引下ケ候ハヽ、其節引下可申旨申候

ここには、下掃除先の住所と家主の名前、下掃除人の名前、一年間の下肥取引量とその代金が記載されている。とくに、この書類は寛政期の下肥価格引下げ運動の最中に作成されたものであるため、値下げ交渉に応じるかどうかの意思が示されているのが特徴といえよう。下掃除先の家主定右衛門は、江戸住民全員が下掃除代を引き下げるのであれば、私も引き下げると回答していた。

その内容をまとめたのが、表6である。これによれば、押立村には六人の下掃除人がいた。下掃除先は鮫河橋・四谷（以上、現東京都新宿区）と外濠外側の麹町（現東京都新宿区）であり、押立村まででは甲州街道で結ばれ、そのすべてが町方の長屋であった。下掃除先の一年間の掃除駄数は三〇〜一九二駄の幅があり、すべての下掃除代は金銭で支払われていた。また一駄あたりの下肥値段も、銭九三・三〜一一〇〇文の幅があって、大きな差があった。下掃除の契約は下掃除人と下掃除先（武家屋敷・町方屋敷）との相対で結ばれていた関係で、大きな差が生じていたのであろう。

なお、押立村は一村単位で下掃除組合を結成していた。慶応三年（一八六七）九月の「議定一札之事」には、「当組合之義者、葛西領始川附村々与、船肥運送之場所与違ひ、馬附担小車等ニ而自分遣丈之下肥運取候義ニ付、格別之荷数ニも無之候」（『府中市の近世民政資料集』東京都府中市）とある。川沿いの江戸東郊農村のように肥船を使って大量に下肥を運ぶのと異なり、当村は江戸の町から下肥を馬背と小車などで自分遣いの分だけを運んでいると述べていた。

表6　武蔵国多摩郡押立村の下掃除人と掃除場所（寛政3年・1791）

下掃除人	掃除場所	掃除駄数	掃除代	1駄値段
次郎右衛門	鮫橋　家主藤五郎	1カ年36駄	金2分銭500文	銭93文3分
安右衛門	麹町十三丁目　家主定右衛門	同　96駄	金2両2分2朱	銭161文5分
茂右衛門	四谷裏箪笥町　家主平吉	同　72駄	金1両3分	銭144文
長　蔵	四谷大木戸　家主六右衛門	同　30駄	金1両	銭200文
善　蔵	四谷伝馬町三丁目　家主才兵衛	仝　72駄	金1両2分	銭124文
長右衛門	麹町十一丁目　家主茂兵衛	同　192駄	金4両	銭124文

（註）寛政3年2月「下掃除直段引下ケ方対談書上ケ帳」（『府中市の近世民政資料集』）より作成。

ところが、「近来諸物価騰貴ニおよひ、下肥掃除代追々引上ケ、都而肥もの直《(値)》段江相響、田畑諸養不行届、在々難義ニおよひ候のみならす、第一御収納筋ニ相拘り、自然前栽もの等高直《(値)》ニ相成候得共、町方養方ニも不宜相成候道理ニ候」（『府中市の近世民政資料集』東京都府中市）とあり、下肥値段の高騰はすべての肥料値段に影響を与え、これにより田畑への農耕肥料が十分投入できなくなり、農民たちの生活も苦しくなっていった。それだけでなく、これは年貢の納入にも影響を及ぼし、また野菜の値段が高くなれば町方の生活にも悪影響を与えるのが道理であると力説していた。

にもかかわらず、他人の下掃除先を糶《せ》り取ってしまうという悪弊が止まず、相互に糶り合うので結局下掃除代を糶り上げ、みんなが困窮するようになってしまったという。そこで、今後は「組合其村限リ小前之者共、江戸表出入場者場所附帳名前掃除式共為書出、場所附帳に書置、右帳面壱冊も寄場にも差出置可申」（『府中市の近世民政資料集』東京都府中市）とあるように、下掃除代を糶り上げないためにも一村単位で江戸の下掃除場所と名前を「場所附帳」に書き上げ、この帳面一冊を寄場（改革組合）に提出しておくことにしたのである。

これに基づいて、押立村では「掃除人幷同断場先姓銘帳」を作成した。これによると、江戸の下掃除場所は三カ所で、その下掃除人は四人（一つの下掃除場所を二人の下掃除人が担当しているところが一カ所ある）、そのほか下掃除場所を持たずに下肥を買い取っている者二人を書き上げていた。つまり、下肥運搬農民のなかには下掃除人だけでなく、小規模な下肥の買い取りに従事する者たちも存在していたのである。なお、三カ所の下掃除場所は江戸の内藤新宿下町・青山久保町・麹町十三丁目であり、いずれも江戸町方の長屋であった。そのうちの二カ所は一年間の下掃除代が金四両であったが、残る一カ所は金一両二分であった。また下掃除場所を持たずに下肥を買い取っていた農民は、一駄ずつ買い集める業態であり、一駄あたり金二朱と銭二〇〇文で買い取っていた。

このように、慶応期の下掃除人数は寛政期よりも二人減少していたが、下肥の買い取り人が新たに二人参入していたので、下肥購入にかかわる農民数は六人で、同数であった。このため、下掃除渡世が株式化していたように思われる。

二　豊島郡角筈村の下肥取引

武蔵国豊島郡角筈村（現東京都新宿区）は、江戸四宿の一つである内藤新宿に隣接し、村の北を青梅街道、南を甲州道中が通っていた。また南部の代々木村（現東京都渋谷区）との境を玉川上水が東へ流れ、北西部の本郷村（現東京都中野区）との境を神田上水が流れ、青梅街道が神田上水を渡るところに淀橋が架けられていた。江戸日本橋までは二里余（約七・八キロメートル）で、四谷大木戸までは一八町（約一・九キロメートル）であった。

文政八年（一八二五）一月の「村差出明細帳」によれば、村高は七二〇石余、田方反別は四町九反八畝二六歩、畑方反別は六八町四反五畝一七歩半であり、圧倒的に畑方優位の村落であった。畑では「作物之儀ハ麦・稗・黍《きび》・荏《え》・蕎麦・芋・大根等ヲ作り」、「農業之間、男ハ江戸迄菜園物等持出」とあって、江戸に蔬菜などを出荷していた。また、内藤新宿に近く、甲州道中などが通っていたこともあって、農間の商人一〇五名、職人一八名、計一二三名が書き上げられていた（『武蔵国豊島郡角筈村名主渡辺家文書』第三巻）。

文政十年の「角筈村農間渡世書上覚」によれば、家数は二〇〇軒、このうち専業農家が三〇軒、農間商人・職人は一七〇軒であり、人口は七三三人であった。また、嘉永六年（一八五三）三月の「抱《かかえ》屋敷書上帳」によれば、武家抱屋敷八筆を含む計一二筆、反別では二三町歩余、石高では二三〇石余に及ぶ抱屋敷が存在していた（『武蔵国豊島郡角筈村名主渡辺家文書』第一巻）。

渡辺家文書には、寛政三年の「下掃除直《値》段引下ケ方小前帳」（『千代田区史』通史編）が残されており、これをまとめたのが表7である。ここには、村内の一〇人の下掃除人、下掃除場所、下肥量、下掃除代金、下掃除継続年数が書き上げられていた。下掃除場所は八軒が町方長屋、二軒が武家屋敷で

表7　武蔵国豊島郡角筈村の下掃除人と掃除場所（寛政3年・1791）

下掃除人	掃除場所	下肥量（駄）	下掃除代金	下掃除開始年
次郎左衛門	飯田町　家主善兵衛	312	金8両	天明7年（1787）
七郎左衛門	四ツ谷片町　家主五兵衛	36	金3分2朱	天明4年
甚右衛門	麹町六丁目　家主十助	60	金1両2分	天明6年
茂右衛門	四ツ谷忍町　家主吉五郎	30	金3分	安永5年（1776）
金左衛門	市ヶ谷七軒町　家主勘右衛門	48	金1両2分	天明元年
甚十郎	麹町一丁目　家主小兵衛	60	金1両2分2朱	明和8年（1771）
小右衛門	成子町　家主勘五郎	42	金3分	天明8年
仁右衛門	成子町　家主市右衛門	36	金1両	天明8年
太右衛門	見予宇八	20	金1分	明和8年
銀右衛門	坂春達	40	金1両2朱	安永7年（1778）

（註）「渡辺家文書」（『新編千代田区史』通史編）より転載。

あった。

長屋の住所は、飯田町・麹町（以上、現東京都千代田区）・四谷・市ヶ谷・成子町（以上、現東京都新宿区）であり、比較的散らばっていたものの村落からは比較的近い地域から下肥を回収していた。下掃除代は四〇駄程度でおよそ金一両であり、下肥量は各自二〇〜三一二駄とまちまちであったが、そのほとんどが四〇駄前後であったことから自分遣いの下肥だったとみられる。

下掃除の継続年数は一〇年以上が五軒、一〇年未満が五軒であったが、同じ下掃除先と二〇年にわたって契約を継続している農民が二人いた。そのいっぽうで、全体からみれば下掃除の継続年数が短い者たちもおり、短期間での交替が少なからずあったということを物語っていた。

三　荏原郡上野毛村の下肥取引

武蔵国荏原郡上野毛村（現東京都世田谷区）は、村の東西

に高輪台町（現東京都港区）に通じる品川道が走り、南北に古道（鎌倉道）が貫通していた。また六郷用水が南西部を流れていた。正保期（一六四四～四八）の村高は五五石余であり、その内訳は田方が三一石余、畑方が二三石余であった（『武蔵田園簿』）。この村高は、以後幕末まで変わらなかった。そして、寛永十年（一六三三）からは近江彦根藩領となった。

文化四年（一八〇七）八月、彦根藩世田谷領一四カ村の名主たちの連名によって作成された「議定一札」には、「両御屋鋪（彦根藩上屋敷・中屋敷）下掃除、当時拾六株割、向後所持可致候」、あるいは「右拾六株之内、荒居一郎兵衛様、大場弥十郎様分、先年より壱株ツヽ御所持被成候」（『世田谷叢書』第七集・下掃除関連史料）とあり、彦根藩江戸屋敷（上・中屋敷）の下掃除の権利は藩領の一四か村名主と世田谷領代官の荒居・大場の二人、計一六株で構成されていた。しかし、名主の退役などの場合には下掃除株を取り上げて三年分の下掃除代金を助成し、また新しい名主が就任し下掃除株を望んだ場合に着任四年後から加入を許し、金五両を三カ年賦で出金させることにした。なお、天保期の上屋敷のゴミ処理は「御領分村々年番三ヶ村ツヽ、年々順番を以右取片付仕来候」とあって、彦根藩世田谷領村々のうち三カ村が一年交替で順番につとめることになっていた。

このように、彦根藩世田谷領一四カ村は上屋敷および中屋敷の下掃除の権利を得たが、その代わりに運上として苅豆の上納と「芥捨掃除」を義務づけられていた。しかし、上野毛村はそれだけでは足りず、江戸の町の下掃除にも従事することになった。

天保十四年（一八四三）六月、上野毛村は武蔵国葛飾郡葛西領村々から下肥値下げ運動への参加を求められ、下肥値段の問い合わせに応じて亀有寄場組合の西葛西領小谷野村・青戸村（ともに現東京都葛飾区）の両名主に「下掃除場所等書上届書」を提出した（『世田谷叢書』第七集・下掃除関連史料）。この届書の記載内容の一例を示すと、つぎのとおりである。

武州荏原郡世田谷領上野毛村
平　八
（朱書）「平八」
元右衛門

（朱筆）「肥し代当村取調左之通り」

卯壱ヶ年分

一、金拾七両弐分　　此駄数九百六拾駄余

右者芝三田松平阿波守様下掃除之分、前書代金を以両人方江引受居申候分

ここには、一年分の下掃除代金や下肥の駄数、下掃除人の名前、下掃除先が記載されている。この元右衛門と平八は共同で芝三田（現東京都港区）の阿波徳島藩蜂須賀家中屋敷の下掃除を担当し、一年分の代金一七両二分を支払い、下肥九六〇駄余を入手していた。ここに登場する駄というのは、馬一頭に背負わせた荷の分量である。江戸時代の一駄は、往還輸送の場合、本馬が三六貫（約一三五キログラム）、軽尻が一六貫（約六〇キログラム）と定められていた。しかし、下肥の一駄については明確でないが、軽尻程度の荷量だったのではないかとみられる。

そこで、この届書の内容をまとめたのが、表8である。この段階では、一四人の下掃除人が芝三田

表８　武蔵国荏原郡上野毛村の下掃除人と掃除場所（天保14年・1843）

下掃除人	掃除場所	駄数	1年間下掃除代
平八・元右衛門	芝三田　松平阿波守	960	金17両2分
忠右衛門	西久保　仙石三河守	120	金3両
重右衛門	麻布坂下町　家主清次郎	48	金1両2分
五郎平	芝伊皿子台町　家主伝兵衛	18	金2分
国五郎	芝田町一丁目　家主次兵衛	36	金3分
弥　七	芝三田小山町　家主四郎兵衛	48	金1両3分
次右衛門	芝田町六丁目　家主重兵衛	18	金1両
同	芝三田格路　家主惣五郎	18	金2分2朱
同	芝三田一丁目　家主吉兵衛	18	金2分3朱
亀次郎	芝三田小山町　家主四郎兵衛	18	金2分　　銀3匁7分5厘
同	麻布桜田町　家主喜兵衛	24	金2分2朱 銀3匁7分5厘
勇次郎	芝三田二丁目　家主庄八	54	金1両　　2朱
同	芝三田一丁目　家主金次郎	12	金1分
同	芝三田一丁目　家主長吉	18	金3分
同	芝三田一丁目　家主武兵衛	30	金2分2朱
同	芝金杉町二丁目　家主源次郎	24	金1分2朱
久右衛門	芝三田豊岡町　家主源蔵	24	金1両1分
同	芝三田老増町　家主忠助	18	金1分2朱
同	芝三田老増町　家主寅松	12	金1分
市郎右衛門	芝三田　有馬玄蕃頭	300	金8両
武　七	本芝三丁目　家主与兵衛	20	金2分
岩次郎	麻布桜田町　家主儀七	18	金2分

（註）天保14年6月「武州荏原郡上野毛村肥し代取調」（『世田谷区史料叢書』第五巻）より作成。

を中心に二二カ所の下掃除場所と契約して下肥を汲み取っていた。下掃除先は、三カ所の武家屋敷を除くと、残りのすべては町方の長屋であった。大名屋敷は、芝三田の徳島藩中屋敷のほか、同じく芝三田の筑後久留米藩有馬家の上屋敷、西久保（東京都港区）の但馬出石藩仙石家上屋敷であった。これら大名屋敷からは大量の下肥を入手することができたが、町方の長屋では二〇駄程度の下肥量であり、下掃除代も金一～二分程度のところが多かった。

なお、百姓の勇次郎は、芝三田周辺の五カ所の町方長屋と契約していたが、そのうち芝三田一丁目（現東京都港区）の家主武兵衛の長屋では一年分の下肥三〇駄で金二分二朱の下掃除代を支払い、同じ芝三田一丁目の家主長吉の長屋では下肥一八駄で金三分の下掃除代を支払うというように、同じ地域であっても下肥の駄数と下掃除代金は比例していなかった、このため、下掃除の契約内容が異なっていたものとみられる。

四　荏原郡下丸子村の下肥取引

武蔵国荏原郡下丸子村（現東京都大田区）は、多摩川下流に面した低地の村落である。多摩川を挟んだ対岸に武蔵国橘樹郡上丸子村・中丸子村（ともに現神奈川県川崎市中原区）があり、古くは多摩川が下丸子村の北側を流れ、この三カ村はともに橘樹郡に属していたともいわれている（『新編武蔵風土記稿』第二巻）。また、村落が大囲堤と川除堤の間にあるという地理的条件により、多摩川が氾濫することがあり、そのたびに大きな影響を受けることになった。

享和二年（一八〇二）八月の村明細帳（『大田区史』（資料編）平川家文書二）によると、江戸までの道のりは四里（およそ一五・七キロメートル）で、家数が七三軒（寺二軒を含む）、人数は三六七人であった。村内には、農業の合間に商売をしている者が五軒あり、水油・醤油・草履・豆腐などを商っていた。また、村高は二二八石余で、田方反別が一五町八反二畝八歩、畑方反別が一二町八反一三歩であった。

田畑では、五穀のほか、粟・黍《きび》・芋・もろこし・牛蒡《ごぼう》・菜・大根などをつくり、このうち芋・午房・菜・大根などを出荷していた。農耕肥料は、「干鰯・下糞を作立候処、田方壱反ニ付、干鰯壱石程、下菌拾七、八荷位迄入レ不申候而者作茂出来兼申候得共、近年米穀直段より惣而肥し物高直《(値)》ニ御座候而引合不申候」とあり、干鰯や下肥を用い、田方一反歩（約九九一・七平方メートル）あたり干鰯を一石ほど、下肥を一七、八荷ほど施肥していた。この頃、穀物の値段よりも肥料の値段が高騰し、収入的には見合わなかったと記録されていた。

この村には、天保十四年（一八四三）六月に作成された「下糞掃除人取調書上帳」（『大田区史』（資料編）平川家文書二）という帳簿が残されている。その記載内容の一例を示すと、つぎのとおりである。

江戸高輪南町
　家主　平四郎

一、此之金弐両弐分也
　是者当正月より同十二月迄取極仕候、尤荷数当正月より五月迄廿八荷取仕候
　　右下糞掃除人
　　武州荏原郡下丸子村
　　　百姓　文右衛門

表9　武蔵国荏原郡下丸子村の下掃除人と掃除場所（天保14年・1843）

下掃除人	掃除場所	荷数（荷）	下掃除代（1年分）
百姓文右衛門	高輪南町　家主平四郎	28（1～5月分）	金2両2分
百姓甚五右衛門	芝田町一丁目　家主次兵衛	48（1～5月分）	金3両2分
百姓清左衛門	高輪北町　家主丈右衛門	48（1～12月分）	金3分2朱
百姓三郎右衛門	高輪南町　家主平四郎	24（1年分）	金2分
百姓与惣左衛門	高輪中町　家主長五郎	168（1年分）	金2両2分
百姓平左衛門	品川宿青物横町　家主権右衛門	15（1～5月分）	金3分
百姓平左衛門	品川宿三竹町　家主元右衛門	24（1年分）	金1分2朱

（註）天保14年6月「下糞掃除人取調書上帳」（『大田区史』（資料編）平川家文書2）より作成。

これによれば、下丸子村百姓の文右衛門は江戸高輪南町（現東京都港区）の家主平四郎が管理している長屋の下掃除をおこない、一カ年分の下掃除代金二両二分を支払っていた。その荷数は一月～五月の五カ月で二八荷であった。高輪南町は東海道に面した片側町で、鹿児島藩・筑後久留米藩・武蔵川越藩などの江戸屋敷があり、ほかに町屋敷もあった。

この帳簿をまとめたのが、表9である。下丸子村には六人の下掃除人がいたが、村の家数からいえば一割にも満たなかった。下掃除先は、芝・高輪・品川の長屋であり、それぞれの家主と契約を結んでいた。下掃除人のほとんどは下掃除場所が一カ所であり、その取引量も小規模であった。このため、その分量で村のすべての下肥需要を満たしていたとは考えにくく、干鰯や油粕のほか、下肥も他所から入手していたとみられる。

たとえば、下丸子村名主の四郎左衛門家では、文化五年（一八〇八）に古市場村（現東京都大田区）の二人の仲買人から船肥六一荷を金二両二分余で、翌六年にも船肥四一荷を金一両二朱で、同八年にも一人の仲買人から船肥三〇荷を金二両一分二朱余で購入していた。こうした仲買人などを経由した下肥の買い入れによって村内の農耕肥料をまかなっていたとみられる。

五　多摩郡吉祥寺村の下肥取引

武蔵国多摩郡吉祥寺村（現東京都武蔵野市）は、武蔵野台地に位置し、関東ローム層による水不足のため近世の開発以前は荒れ果てた原野であった。明暦三年（一六五七）一月と翌年一月に江戸で大火が発生した際、罹災した本郷元町（現東京都文京区）にあった吉祥寺門前の農民や浪人らが五日市街道沿いに移住し、開拓したところから村名が付いたようである（『武蔵野市史』、武蔵野市編纂委員会）。

幕府は、こうした江戸の大火を契機に大規模な都市計画を実施し、万治二年（一六五九）江戸市中に居住していた町人・農民らから希望者を募り、武蔵野の原野に移住させて新田開発がはじまった。その結果、寛文四年（一六六四）の検地により独立した村落として成立した。天保郷帳による村高は、八七四石余であった。この一帯は畑作地帯で、肥料は村内の井の頭池周辺の幕府直轄の御林から採取した刈敷（山野などの草木の茎や葉を刈り取ってそのまま田畑に敷き込んで地中で腐食させることで堆肥としたもの）でまかなっていたが、それだけでは不足し、江戸の下肥を入手する必要があった。

この村には、慶応三年（一八六七）九月に作成された「武州多摩郡吉祥寺村下掃除場所書上帳」という帳簿が残っており、一人分の記載内容の一例を示すと、つぎのとおりである。

吉祥寺村
百姓　三　吉

四ツ谷左門町
一、飯田友右衛門様
御掃除代壱人ニ付
壱ケ年茄子百、干大根百本ツ、

これは、四谷左門町（現東京都新宿区）の飯田友右衛門と吉祥寺村百姓の三吉とが、下掃除の契約に際して交わしていた下肥汲み取りについての買い取り条件である。その下掃除代は、一人あたり一年分で茄子一〇〇個と干大根一〇〇本であった。これに家族人数を乗じたものがこの家族の受け取り分ということになる。しかし、別の武家屋敷では「一ケ年茄子四百、干大根四百本」という記述もあり、家族全体の受け取り分が示されている場合もある。この帳簿では、吉祥寺村の誰が江戸の武家屋敷や町方屋敷の誰と下掃除をめぐってどのような条件で契約を交わしていたかがわかる。

この帳簿をまとめたのが表10である。これによれば、吉祥寺村には一四人の下掃除人がいたことが確認できる。化政期の家数が一八五軒であったことから（『新編武蔵風土記稿』第六巻）、村人のおよそ一割弱が下掃除に従事していたということになる。百姓たちは主に四谷周辺で下掃除をおこない、その下掃除先は武家屋敷が中心であるが、なかには町方の長屋も含まれていた。一人の百姓は下掃除

表10　武蔵国多摩郡吉祥寺村の下掃除人と掃除場所（慶応3年・1867）

下掃除人	掃除場所	下掃除代
百姓　三　吉	四谷左門町　飯田友右衛門	1カ年1人茄子100、干大根100本
同	四谷左門町　田中弥三郎	1カ年1人茄子100、干大根100本
同	四谷左門町　関根彦四郎	1カ年1人茄子100、干大根100本
同	四谷谷船板横町　飯塚忠左衛門	1カ年1人茄子100、干大根100本
同	四谷谷船板横町　鈴木忠左衛門	1カ年1人茄子100、干大根100本
同	四谷鮫カ橋谷町　家主市兵衛長屋13軒	1カ年金5両
百姓　伝之丞	鍛冶橋御門内　松平阿波守	御厩馬屎馬1疋1日銭6文
百姓　松五郎	麹町一町目　三宅備後守	1カ年金21両2分、馬4疋金12両
百姓　惣　八	紀伊家家中筒井倉之丞	1カ年1人茄子50、干大根50本
同	紀伊家家中脇彦一郎	1カ年1人茄子50、干大根50本
同	紀伊家家中佐々木三之丞	1カ年1人茄子50、干大根50本
百姓　小平次	四谷仲殿町袋町　鈴木親右衛門	1カ年1人茄子50、干大根50本
同	四谷仲殿町袋町　筧伝吉	1カ年1人茄子50、干大根50本
同	四谷仲殿町袋町　国友民次郎	1カ年1人茄子50、干大根50本
同	四谷仲殿町袋町　吉村元三郎	1カ年1人茄子50、干大根50本
同	四谷仲殿町袋町　小林小左衛門	1カ年1人茄子50、干大根50本
同	四谷左門町　岡田正太郎	1カ年1人茄子50、干大根50本
百姓　源四郎	松平阿波守家中根本熊次郎	馬1疋馬屎代1カ年金3両
同	松平阿波守家中早見助右衛門	馬1疋馬屎代1カ年金3両
同	紀伊家御金蔵役所	1カ年金2分2朱
同	紀伊家家中馬場義太郎	1カ年金1両2分
同	尾張家家中磯野三右衛門	1カ年金1両2分
百姓　八左衛門	市谷谷町　家主弥助店5軒	1カ年金2両2分
百姓　小右衛門	四谷鮫カ橋谷町　家主広兵衛長屋14軒	1カ年金3両1分
百姓　粂右衛門	二番町　佐田兼太郎	1カ年1人茄子50、干大根50本
同	四谷中殿町　長田謙之助	1カ年1人茄子50、干大根50本
同	四谷中殿町　家主彦兵衛長屋11軒	1カ年金6両
百姓　仁右衛門	四谷鮫カ橋谷町　高林音五郎	1カ年金4両、大根4樽
同	四谷鮫カ橋谷町　森野市一郎	1カ年茄子400、干大根400本
同	四谷鮫カ橋谷町　小池駒吉	1カ年茄子300、干大根300本
百姓　銀太郎	尾張家外山家家中内河留守之助	1カ年茄子2000、干大根1000本
同	尾張家外山家家中細井力右衛門	1カ年沢庵漬4樽
同	尾張家外山家家中木部森左衛門	馬屎代金6両

下掃除人	掃除場所	下掃除代
百姓　銀右衛門	四谷伝馬町三丁目　家主武兵衛店4軒	1カ年金5両、銀20匁
百姓　長　松	紀伊家仲間部屋	1カ年金3分
同	紀伊家家中小川善左衛門	1カ年茄子600、干大根600本
同	紀伊家家中最上助右衛門	1カ年茄子600、干大根600本
同	紀伊家家中村松伝三郎	1カ年茄子600、干大根600本
同	紀伊家家中服部幸三郎	1カ年茄子600、干大根600本
百姓　重左衛門	四谷鮫ケ橋谷町　家主市兵衛店12軒	1カ年金5両
同	四谷鮫ケ橋谷町　家主兼吉店12軒	1カ年金5両2分
同	裏六番町　高木寅次郎	1カ年茄子650、干大根650本

（註）慶応3年9月「武州多摩郡吉祥寺村下掃除場所書上帳」（『武蔵野市史』資料編）より作成。

先が一カ所である場合が多いが、一人で何カ所か掛け持ちしている者もあり、なかでも百姓の小平次は武家屋敷六軒と契約し、数のうえでは最大の契約数であった。

なお、村から四谷までは片道三里（およそ一二キロメートル）の道のりであり、馬背による輸送は一日仕事であったとみられる。このため、数軒の下掃除先を抱えて下肥を回収できる農民は、比較的規模の大きな農業経営をおこない、かつ馬や小車をもって下請人を雇える人か、あるいは下肥の仲買人として売捌きを生業としていた人ではないかとみられる。

また、下掃除の対象は人の糞尿ばかりでなく、武家屋敷の厩の馬糞も含まれていた。さらに、下掃除の代価としては茄子や干大根などの野菜で支払っている場合が圧倒的に多いが、沢庵漬けというものもあり、ほかに金銭による支払いもあった。なかには、「壱ケ年金四両幷大根壱樽」のような記述もあり、金銭と大根の両方で下掃除代を受け取っている者もいた。これらのことから、下掃除にともなう代価の支払い方法については、契約時に両者の合意により取り決めていたものとみられる。

六　荏原郡太子堂村の下肥取引

武蔵国荏原郡太子堂村（現東京都世田谷区）は、村の北東から南西へ矢倉沢往還が通り、その中ほどを烏山用水が西の若林村から入り東の三宿村へと流れていた。村名は村内の円泉寺の境内にある太子堂に由来する（『新編武蔵風土記稿』第三巻）。天保郷帳によれば、村高は三八石余の小村で、烏山用水の利用が不便で田方が少なく、畑方が多い村落であった。また元治元年（一八六四）の家数は、六二軒であった。

この村には、慶応三年（一八六七）九月に作成された「下掃除場所取調書上帳」（『世田谷区史料』第四集、東京都世田谷区）という帳簿が残っている。この帳簿は、下北沢村改革組合に提出された帳面の下書きであった。その記載内容の一例を示すと、つぎのとおりである。

去寅年より弐ケ年　　　　　　　　百姓

一、江戸青山百人町田中鎮之助様　　　　与十郎

右同断

一、江戸麻布桜田町家主又兵衛

ここには、いつからいつまでの下掃除の契約なのか、下掃除先の住所と名前、下掃除人の名前が記

載されている。その内容をまとめたのが、表11である。全体として、下掃除人の百姓は二八人、下掃除先は六五軒が記載されている。このことから、村の家数のおよそ半数が下掃除に従事していたことがわかる。また記載上の特色は、各農民が契約先の下掃除をいつから開始したのか、また下掃除を何年継続しているのかが示されていることである。

下掃除先との継続期間でもっとも長いのは、文政十一年（一八二八）からの四〇年間であり、もっとも短いのは慶応三年からの一年間というものもある。契約先の下掃除をいつから開始したかについては、文政期一人、天保期一五人、嘉永期七人、安政期一三人、万延期五人、文久期九人、慶応期一三人のようにまちまちであるが、一〇年以上の契約が全体の半分を超えていた。また、下掃除先は江戸青山（現東京都港区）が全体の六割、赤坂が二割を占め、ついで麻布・渋谷・麹町・四谷の順となっている。さらに、下掃除先は大名の上・中・下屋敷や旗本・御家人屋敷などの武家屋敷が五九カ所、町方の長屋は九カ所であった。

農民一人あたりの下掃除場所数については、弥五郎の九軒が抜きんでているが、そのほかの農民は一～三軒程度であった。このことから、太子堂村の下掃除人のほとんどは自家用の下肥を調達する者たちであったとみられる。なお、太子堂村から青山・赤坂あたりまでは片道およそ一里半の道のりであり、下肥の汲み取り・運搬は半日仕事であった。

表 11　武蔵国荏原郡太子堂村の下掃除人と掃除場所（慶応 3 年・1867）

下掃除人	掃除場所	下掃除開始年	継続年数
百姓　寅五郎	渋谷　高木主水正下屋敷内 6 名	安政 5 年	10 年
同	赤坂薬研坂　紀伊家鉄砲師牧田宗次郎	慶応元年	3 年
百姓　鉄五郎	麻布龍土　青山左京大夫下屋敷内 3 名	文久 3 年	6 年
同	青山宮様御門前　青山左京大夫中屋敷内 2 名	慶応元年	3 年
同	青山五拾人町　矢野重三郎	慶応元年	3 年
同	青山権田原　荏田林蔵	慶応元年	3 年
百姓　音次郎	渋谷笄　高木主水正下屋敷内 6 名	安政 5 年	10 年
百姓　与十郎	青山百人町　田中鎮之助	慶応 2 年	2 年
同	麻布桜田町　家主又兵衛	慶応 2 年	2 年
百姓　宇之助	青山権田原　津田雅次郎	安政 5 年	10 年
同	青山百人町　三橋鋪太郎	慶応 3 年	3 年
百姓　亀五郎	青山五拾人町　天野孫六	嘉永元年	20 年
同	青山御手大工町　家主五郎兵衛	慶応 3 年	3 年
百姓　浅次郎	赤坂三分坂下　石場新之助	天保 9 年	30 年
同	青山宮様御門前　嶺田半平	嘉永 6 年	15 年
百姓　安五郎	青山宮様御門前　青山左京大夫中屋敷内 2 名	文政 11 年	40 年
同	青山善光寺門前　家主吉五郎	天保 14 年	25 年
百姓　弥五郎	青山五拾人町　飯村金之助	天保 9 年	30 年
同	青山五拾人町　山田徳蔵	天保 9 年	30 年
同	青山甲賀町　永野宇右衛門	天保 9 年	30 年
同	青山甲賀町　和田金之助	天保 9 年	30 年
同	青山甲賀町　志村庄八	天保 9 年	30 年
同	青山甲賀町　土井仲蔵	天保 9 年	30 年
同	青山甲賀町　松村兵八	天保 9 年	30 年
同	青山甲賀町　天谷万兵衛	天保 9 年	30 年
同	青山甲賀町　高橋金之助	慶応 2 年	2 年
百姓　茂吉	麹町　紀伊家上屋敷内 2 名	嘉永元年	20 年
同	赤坂鈴振稲荷前　石井小左衛門	安政 5 年	10 年
百姓　佐右衛門	元赤坂　家主甚兵衛	嘉永 6 年	15 年
同	元赤坂　家主兵助	嘉永 6 年	15 年
百姓　甚左衛門	青山御手大工町　桜井彦太郎	安政 5 年	10 年
同	青山御手大工町　神谷祐蔵	安政 5 年	10 年
百姓　松五郎	青山五拾人町　柳沢左太郎	安政 5 年	10 年
同	青山五拾人町　山名十左衛門	安政 5 年	10 年

下掃除人	掃除場所	下掃除開始年	継続年数
百姓　市郎兵衛	赤坂築地　赤井善三郎	文久３年	５年
百姓　市之助	赤坂三軒家　川窪賢三	文久２年	６年
同	青山御手大工町　今井栄蔵	慶応３年	１年
百姓　久蔵	青山若松町　高野仁三郎	慶応２年	２年
同	青山龍土　青山左京大夫下屋敷内６名	万延元年	８年
百姓　仙松	青山権田原　菊池亥之助	万延元年	８年
同	赤坂一ツ木町　家主藤八	慶応元年	３年
百姓　豊吉	青山宮様御門前　小林半蔵	文久２年	６年
同	青山御掃除町　大田喜太郎	万延元年	８年
百姓　角次郎	青山甲賀町　林口与右衛門	天保９年	30年
同	青山甲賀町　小谷辰三郎	天保９年	30年
同	青山御手大工町　小菅銀三郎	慶応元年	３年
同	麻布田島町　岩崎雄之助	万延元年	８年
同	麻布田島町　石島貞四郎	万延元年	８年
百姓　兵蔵	赤坂黒鍬谷　矢沢友八	天保９年	30年
同	赤坂黒鍬谷　三上快庵	天保９年	30年
百姓　大次郎	青山六道辻　藪内三七郎	文久３年	５年
百姓　惣吉	青山宮様御門前　山口録之助	文久３年	５年
同	四ツ谷　三田村源蔵	天保９年	30年
同	赤坂今井谷　上松増次郎	安政５年	10年
同	青山御手大工町　一尾国之助屋敷内１名	安政５年	10年
同	青山御手大工町　木村百五郎屋敷内１名	慶応元年	３年
同	青山宮様御門前　組屋敷木戸番喜兵衛	文久３年	５年
百姓　恒次郎	麻布笄　高木主水正下屋敷内２名	文久３年	５年
同	麻布笄　高木主水正下屋敷内１名	嘉永元年	20年
同	赤坂今井谷　神谷林清	文久３年	５年
百姓　栄次郎	青山久保町　家主喜代松	安政４年	11年
百姓　佐太郎	赤坂三軒家　川窪賢三	慶応２年	２年
百姓　忠左衛門	赤坂表伝馬町　大岡越前守中屋敷内６名	安政５年	10年
百姓　常次郎	赤坂表伝馬町二丁目　家主　庄七	嘉永元年	20年
百姓　五郎次郎	渋谷広尾町　家主　安兵衛	安政５年	10年

（註）慶応３年９月「下掃除場所取調書上帳」（『世田谷区史料』第四集）より作成。

七　豊島郡徳丸本村の下肥取引

武蔵国豊島郡徳丸本村（現東京都板橋区）は、荒川の右岸、武蔵野台地の北縁に位置し、荒川と代地の間に徳丸原が広がっていた。

寛政十一年（一七九九）八月の「村明細帳」（『徳丸本村名主（安井家）文書』第一巻）によると、江戸までの道のりは四里（およそ一五・七キロメートル）で、家数は一四三軒、人口は六一六人であった。村高は一〇〇〇石余で、田方反別が四八町五反九畝六歩、畑方が九一町三反一畝歩であった。田畑では、米穀のほか、大根・瓜・茄子・大豆などの野菜を作付けしていた。そして、「肥之義、田方ハ下肥・苅草を相用、畑方ハ下肥・灰・糠《ぬか》・下水等相用申候」とあり、下肥は田畑ともに欠かせない農耕肥料であった。なお、廃棄されていたと考えられがちな下水が肥料として利用されていたことは注目される。

この村には、慶応三年（一八六七）八月に作成された「下肥掃除代取調下書」（『徳丸本村名主（安井家）文書』第二巻）という帳簿が残されている。その記載内容の一例を示すと、つぎのとおりである。

長者町弐丁目　　百姓
一、手島宇十郎様御人数六人　　伝左衛門
沢庵弐樽

ここでは、徳丸本村の百姓伝左衛門が下谷長者町二丁目（現東京都台東区）の六人家族の手島宇十郎家の下掃除をおこない、下掃除代として沢庵二樽を渡していた。このように、村の下掃除人の名前、下掃除先の町名・屋敷名・家族人数・下掃除代が記されていた。なお、下谷長者町二丁目には御徒組の組屋敷や御用達商人の拝領地があり、そのほか町方屋敷などもあった。

これらをまとめたのが、表12である。下掃除人は七一人が記載され、村内の家数のおよそ半数を占めていた。下掃除先は一四七軒で、町方屋敷とみられる六軒を除いて、残り一四一軒は武家屋敷であった。それらの家族人数は、一、二三九人におよんでいた。下掃除場所は、下谷（現東京都台東区）を中心に、上野・浅草（以上、現東京都台東区）・本郷（現東京都文京区）界隈であり、なかには神田・駿河台・飯田町・麹町（以上、現東京都千代田区）なども含まれていた。

下掃除代は、大根・干大根・茄子などの野菜が圧倒的に多く、農産加工品としての沢庵漬けや浅漬けの場合もあった。一軒で大根五〇〇本を超える家が二七軒もあり、もっとも多いのは飯田町の松平与利家（家族人数三〇人）で干大根二、六〇〇本におよんでいた。一人あたりでいえば、大根（干大根）五〇本、あるいは大根（干大根）五〇本と茄子五〇個、沢庵漬けであれば二、三人で一樽、金銭の場合は金一分程度であった。大根での支払いが圧倒的に多いのは、徳丸本村が練馬大根の名産地であったからであろう。

しかし、下掃除先のなかには現金での取引も二二軒あり、金一分〜九両の幅があったが、一三軒は金二両以下であった。この結果、徳丸本村が支払った下掃除代は、大根一五、一七〇本、干大根

表12 武蔵国豊島郡徳丸本村の下掃除人と掃除場所（慶応3年・1867）

下掃除人	掃除場所	家族人数	下掃除代
百姓 伝左衛門	長者町二丁目 手島宇十郎	6	沢庵2樽
年寄 善兵衛	下谷 長島真左衛門	5	沢庵2樽・茄子200個
百姓 七郎左衛門	茅町二丁目 加津屋玉次郎	12	金2両
百姓 又三郎	長者町一丁目 中田文右衛門	4	大根200本・茄子200個
百姓 庄左衛門	明神下 伊藤常年	11	大根550本
同	金沢町 筒井良左衛門	8	大根400本
同	同 田村莫之助	6	大根300本
同	水道橋内 田中速之助	15	大根800本
百姓 七右衛門	本今元町 松本平左衛門	6	金3両
同	下谷 八田惣安	6	大根300本
年寄 市兵衛	下谷新屋敷 藤田	6	干大根300本
年寄 平七	上手代町 古沢殿十郎	6	大根300本・茄子300個
同	天神下 中村順市郎	6	沢庵2樽半
同	同 伊沢玄意	10	金1両1分
百姓 長蔵	御玉池虎屋横町 山本寿丹	5	沢庵2樽
同	同 主藤伊之助	8	沢庵3樽
同	和泉橋通り 中井菊蔵	3	沢庵1樽
同	加藤家裏 重田春和	4	沢庵2樽
百姓 伝七	下谷小藤堂西御門前 山岡太郎	14	干大根7樽・浅漬50本
同	浅草小田原 下島	7	干大根4樽・浅漬50本・茄子500個
百姓 八郎右衛門	下谷中御徒町 柳見仙	6	大根300本・茄子300個
同	同 桑田道納	8	大根400本
百姓 惣兵衛	下谷三前橋 岩崎半次郎	10	大根500本
同	同 中村永太良	8	大根400本
同	同 田村銀之助	7	大根350本
同	下谷二丁目 岩崎作之丞	8	大根400本
百姓 利兵衛	駿河台 近藤平格	14	大根1050本
百姓 久太郎	下谷 池谷正平	5	大根500本
同	同 末次又次郎	5	大根500本
百姓 源助	山下 由之長右衛門	10	大根500本・茄子500個
百姓 武左衛門	下谷三前橋 白瀬金三郎	8	大根400本
同	同 梶川長三郎	4	大根200本
同	和泉橋通り 内田幸次郎	4	大根200本
同	金沢町 石丸伊勢	10	大根500本
同	下谷三前橋 万屋与助	4	大根200本
百姓 伝兵衛	下谷久保町 小林松之助	4	大根200本・茄子200個
同	下谷御徒町 六郷位之助	8	大根400本
百姓 嘉左衛門	山下八軒町 野田金五郎	4	大根200本・茄子200個

下掃除人	掃除場所	家族人数	下掃除代
同	下谷三前橋　森新五郎	4	大根200本・茄子200個
同	亀住町　馬島随伯	3	大根200本
百姓　清次郎	下谷長者町一丁目　木戸	7	沢庵4樽・茄子350個
百姓　又七	本郷四丁目　新小寺	14	金2両
百姓　市左衛門	下谷和泉橋通り　安井	8	干大根400本
百姓　太郎左衛門	下谷和泉橋通り　西田	5	大根200本
百姓　孫左衛門	本郷二丁目　坂上長兵衛	12	金3両
百姓　九郎右衛門	下谷長者町二丁目　田中善三郎		大根970本・茄子650個
百姓　三郎兵衛			大根200本
百姓　利左衛門	上野車坂　柳原賢吉	18	沢庵6樽
百姓　浅之助	下谷　吉川	10	干大根500本・茄子500個
同	和泉橋通り　杉浦	8	干大根400本・茄子400個
同	小藤堂袋町　小沢	12	干大根500本・茄子500個
百姓　佐五右衛門	下谷三前橋　留永	5	沢庵2樽
同	下谷御徒町　臼井	7	干大根350本・茄子350個
年寄　七左衛門	本町四丁目　伊豆蔵人	39	金5両
年寄　兵右衛門	下谷長者町　脇尾	4	干大根200本・茄子200個
同	同　下山	6	干大根300本・茄子300個
同	同　久保	4	干大根200本・茄子200個
百姓　斧右衛門	駿河台　天野	20	沢庵10樽
百姓　吉右衛門	下谷三前橋　吉田	6	干大根300本・茄子300個
同	同　直井	3	沢庵2樽
百姓　彦右衛門	三味線堀　曲直瀬	20	干大根1000本
百姓　杢兵衛	和泉橋通り　黒沢	4	干大根200本
同	同　土井	8	干大根400本
同	浅草新堀　金子	9	沢庵3樽
百姓　兵蔵	和泉橋通り　久野	8	干大根400本・茄子400個
同	下谷　橘家後惣門番惣助	4	干大根200本・茄子200個
百姓　太右衛門	谷中善光寺坂　松平兵部太夫隠居	15	干大根750本
年寄　三郎右衛門	下谷根津　内藤	17	大根850本・茄子850個
同	下谷新橋　松平	14	大根1400本・茄子1400個
百姓　金左衛門	天神下手代町　高橋	10	大根500本・茄子800個
同	同　亀井	5	金2分
百姓　甚八	同　松永	5	大根250本・茄子250個
同	同　中林	5	大根250本・茄子250個
同	天神下　栗原	3	大根150本・茄子150個
同	同　久保	4	大根200本・茄子200個
百姓　三五郎	下谷根津小路　鯉内	5	干大根250本
同	同　日日野	6	干大根300本・茄子300個
百姓　長太郎	同　井葉	16	干大根800本

下掃除人	掃除場所	家族人数	下掃除代
百姓　権兵衛	新橋通り　江登	6	干大根 400 本
同	同　杉浦	10	沢庵 6 樽
同	和泉橋通り　和泉	6	干大根 400 本
百姓　六郎兵衛	同　杉本忠達	10	沢庵 6 樽
同	同　浅見三太夫	16	金 5 両
年寄　権左衛門	本郷菊坂上　川口	14	干大根 1000 本・茄子 850 個
同	六木町　根岸	12	干大根 400 本・茄子 500 個
同	麹町四丁目谷　柴田	10	干大根 400 本・茄子 500 個
百姓　次郎八	辰之口　御天師屋敷榎本	6	沢庵 2 樽・茄子 300 個
百姓　久左衛門	下谷御徒町　高橋	10	干大根 500 本・茄子 800 個
同	同　川村	9	干大根 450 本・茄子 450 個
同	同　安戸	3	干大根 150 本
百姓　茂右衛門	小河町　柳沢豊前守	21	干大根 1050 本・茄子 420 個
年寄　次兵衛	下谷根津小路　瀧口栄助	10	沢庵 4 樽・茄子 500 個
同	山下　瀬田玄貞	11	金 4 両
百姓　吉右衛門	本郷春木町　小林端安	11	沢庵 4 樽・茄子 500 個
同	同　栗京	7	沢庵 4 樽・茄子 400 個
同	同　佐久羅岐	4	沢庵 2 樽
年寄　奥右衛門	下谷長者町　飯島辰五郎脇尾	15	沢庵 7 樽
同	同　松田鉄之助	13	沢庵 4 樽
百姓　太兵衛	同　大和屋重三郎（長屋 20 軒）	42	金 9 両
百姓　定右衛門	飯田町　松平与利	30	干大根 2600 本
年寄　太郎兵衛	下谷二丁目　由井	17	干大根 850 本
百姓　国五郎	下谷長者町　古田	7	干大根 350 本
同	下谷御徒町　清水	6	干大根 300 本
百姓　嘉右衛門	本郷金助町　店子越中屋船五郎	3	金 1 両
同	同　店子畳屋彦七	4	金 3 両 1 分（4 年半分）
百姓　忠三郎	本郷附木店　仁平六郎	2	干大根 100 本・茄子 100 個
	下谷二丁目　友沢	2	金 2 分 2 朱
百姓　勇吉	下谷練塀小路　阿部善兵衛	7	干大根 350 本・茄子 700 個
百姓　藤八	神田多町　村田店	30	
同	同　柳屋	5	二口で金 10 両
百姓　三左衛門	天神下上手代町　木戸番鈴木長助	4	干大根 200 本・茄子 200 個
同	同　落合栄次郎	4	沢庵 2 樽
百姓　五郎右衛門	本郷御弓町　山本	8	干大根 400 本・茄子 400 個
同	同　築山茂左衛門	12	干大根 600 本・茄子 600 個
同	同　久保	18	干大根 500 本・茄子 500 個
同	同　吉田	5	干大根 250 本・茄子 250 個
同	同　広瀬	10	金 1 両 2 分・銭 10 文
百姓　平左衛門	神田明神下　伊藤	5	干大根 200 本

下掃除人	掃除場所	家族人数	下掃除代
同	新橋　杉本	5	沢庵1樽・金1分
同	内神田御玉池　福山	4	干大根200本
百姓　四郎兵衛	下谷青石橋町　金戸	4	干大根200本・茄子200個
同	同　友野	5	干大根250本・茄子250個
年寄　三郎左衛門	神田明神下金沢町　桔梗杢之丞	18	干大根1800本・茄子1300個
同	下谷車坂下　奥田道碩	5	金2分2朱
百姓　勘十郎	本郷丸山田町　家主長五郎（家数4軒）	16	金2両2分
同	同　浅見鉄五郎	3	干大根150本・茄子150個
同	同　柴田	5	干大根250本・茄子250個
百姓　清左衛門	本郷附木店　高橋拾次郎	6	干大根300本・茄子300個
同	同　梨本新作	6	干大根300本・茄子300個
同	同　堀口善三郎	6	干大根300本・茄子300個
百姓　太郎左衛門	下谷御徒町　北村	9	沢庵3樽
百姓　才兵衛	山下車坂下　山口	12	干大根600本
年寄　長左衛門	明神下御台所町　関伝善	6	干大根300本・茄子300個
同	和泉橋通り　竹中次左衛門	6	干大根300本・茄子300個
同	同　稲井甚三郎	4	干大根200本・茄子200個
同	下谷青石橋町　野田良久	6	干大根300本・茄子300個
百姓　長兵衛	和泉橋通り　石井源左衛門	10	干大根500本・茄子500個
同	湯島天神下　三上筆太郎	8	干大根400本・茄子400個
同	本郷金助町　牧野勝之助	7	干大根350本・茄子350個
百姓　伝右衛門	和泉橋通り　松村	3	金1分2朱
同	下谷中御徒町　師岡	3	金2分
百姓　金左衛門	天神下手代町　小河原検校	3	干大根300本・茄子300個
同	下谷天神下　細田平次郎	6	干大根300本・茄子350個
同	天神下手代町　室生座御役者日吉銀郎	5	干大根250本・茄子250個
同	天神下　藤沢両之助	4	金2分
同	湯島天神下　亀屋次兵衛	3	金2分
同	同　渡辺勘次郎	3	金1分

（註）慶応3年8月「下肥掃除代取調下書」（『徳丸本村名主（安井家）文書』第2巻）より作成。

二七、〇五〇本、干大根一一樽、沢庵漬け八六・五樽、浅漬け一〇〇本、茄子二五、五二〇本、金四六両二朱と銭一〇文におよんでいた。

下肥取引は、江戸周辺農村の蔬菜栽培を活発化させる原動力となっており、いっぽうで江戸の町が下肥の生産地として重要な地域であったことを示していた。

第二部　江戸の公衆トイレ事情

第一章　江戸の公衆トイレ

一　行動文化と公衆トイレ

江戸の町は、武家の都といわれているように徳川将軍が君臨する政治都市であり、その中心に将軍家の居城・江戸城が位置づき、まさしく天下の城下町であった。このため、幕府の家臣団である旗本・御家人の家族やその陪臣ら、または参勤交代制に基づき大名の家族や家臣ら、さらにはそれらの人々の生活を支える町人として多くの商人や職人たちが集住するようになった。加えて、信仰空間としての寺社の住人たち、その出自などによって差別を受ける被差別民にいたるまで、さまざまな身分・階層の者たちが混在して居住していた。

そしてまた、江戸の町にはそうした居住民だけでなく、政治都市・経済都市・文化都市であったからこそ、御用・商用・旅行・出稼ぎなどの目的をもって訪れてくる訪問者や流入者が多数にのぼったのである。このなかには、一般の商人や職人のみならず、芸能者・運搬業者・絵師・庭師、皮革・染色・陶芸などの特殊技能者なども数多くいた。また、こうした訪問者や流入者のなかには、一時的な滞在者もいれば、定住者となっていく者たちも多数いたのである。

こうして、江戸の町は巨大人口を抱える大都市へと拡大し、また巨大な消費都市・文化都市へと成長していった。そして、日本全国からあらゆる物資が江戸に運ばれ、それらを売る多種多様な商店が

図22　名所の小便所（『絵本柳樽選集』第二巻）

軒を並べ、江戸住民の食料を満たしただけでなく、家屋材料などあらゆるものが運ばれてきた。

そればかりでなく、江戸の町には多くの人々の暮らしや娯楽・癒しを満たす空間が用意されることになった。日常的な仕事・飲食・買い物はもちろん、寺社参詣・祭り・縁日・開帳・富くじ・芝居・落語・相撲・見世物・遊郭、そして史跡、四季折々の名所などが、江戸のみならずその周辺にまで広がるようになった。人々の文化的行動は商品化され、それらの文化・宗教的空間が都市に必要不可欠なものとなり、江戸の各所には寺社とともに盛り場・遊び場もできあがり、この社会の維持装置として機能していくことになったのである。

このように、江戸の町が日常・非日常ともに人々の行き交う行動文化都市に変化していくと、図22のようにその各所には公共的な排泄施設として公衆トイレが必然化され、インフラとして不可欠なものとなっていった。江戸は巨大排泄都市でもあったが、その処理が大きな都市問題となることはなく、糞尿の生産地として大きな役割を担っていくことになった。つまり、江戸で生産された糞尿が江戸周辺農村に運搬され、穀物や蔬菜の下肥として利用され、そうした都市糞尿の再利用のシステムが完全にできあがることになったのである。そして、周辺農村で生産された農作物が江戸に運ばれて住民の食料となり、都市と農村との物質循環システムもできあがり、その共生を象徴するものとなったのである。

二　貸雪隠と借雪隠

江戸時代の記録をみていると、「貸雪隠」や「借雪隠」という用語に出くわすことがある。「貸雪隠」は、一般にはトイレを貸している営業上の業態を示すものであるように思われるが、そうしたものにも「借雪隠」の用語が用いられているものもある。いっぽう、商店や個人宅のトイレを借りる場合には「借雪隠」の用語が用いられている場合が多い。トイレを貸している側からすれば「貸雪隠」、借りている側からすれば「借雪隠」という使い分けがあったようにも見受けられるが、おそらく同義のものとして用いられていたものであろう。江戸時代には、「貸」と「借」の用法がよく混同されており、「借雪隠」の場合も「かりせっちん」ではなく「かしせっちん」と読むのが妥当なのではないかと考えている。

余談になるが、かつて筆者は『将軍の鷹狩り』（江戸時代叢書三、同成社、一九九九年）を上梓した際、そのなかで「御三卿の御借場」という項目を設けて、御三卿の田安家・一橋家・清水家の御借場について言及した。この「御借場」は、幕府鷹場の御拳場（将軍の鷹狩り場）の一部を御三卿に貸していている鷹場のことであった。御三卿からすれば鷹場を借りているのだが、貸している幕府側が命名していたことが重要である。このため、「おかりば」ではなく「おかしば」と読むのが正しいと考えている。近世前期にも幕府鷹場の一部を大名に拝領することがあった（筆者はこれを「恩賜鷹場」と呼んでいる）。このなかで、秋田藩主の佐竹義宣は元和二年（一六一六）十月、二代将軍徳川秀忠より下総（のち武蔵）・常陸両国の国境一帯に「恩賜鷹場」を拝領したのだが、同五年三月の記録には「当所ハ右京太夫（佐竹義宣）上様（二代将軍徳川秀忠）より御借被下候野場ニ候」（「梅津政景日記」三、『大日本古記録』）と説明してあり、文中の「御借被下」は「おかしくだされ」と読むのが妥当であろう。このように、「貸」と「借」は同義に使用される場合が少なくなかったのである。

少し説明が長くなったが、江戸の町には貸雪隠＝借雪隠（かしせっちん）と呼ばれるトイレ利用形態が存在していた。明和九年（一七七二年）に刊行された木室卯雲《ぼううん》による小咄「鹿の子餅《かもち》」（岩波文庫『安永期　小咄本集　近世笑話集（中）』、一九八七年）のなかの一編に、「借雪隠」（「かしせついん」のルビ付き）の一文が載せられている。それをわかりやすく語訳すると、つぎのようになる。

上野不忍の弁財天のご開帳に、参詣する群衆。不忍池の中の島では無闇に小便をしてはいけないという決まりがあって不自由だ。このため、ある人が茶屋の裏の土地を借りて、借雪隠の商売をはじめることにした。とくにご婦人方の利用が見込めるため、一人五文ずつと料金を決めて商売すれば、金儲けができるのではないか。別の男が「それはよい思い付きだ。おれも貸雪隠をはじめよう」、と地所の確保をはじめた。その男の女房が「すでに一軒あるのだから、新しく建てたところで繁昌しないのは目に見えている。お願いだからおやめなさい」と注意しても聞く耳をもたなかった。ところが、営業初日から大入り満員。今まで繁昌していた隣の雪隠には、意外にも入る人が一人もなく、新しい雪隠ばかりが繁昌している。女房が不審に思い、「どうしてこっちばかり人が入るのか」と聞くと、亭主はせせら笑って、「ほれ、見たことか。それもそのはずだ。隣の雪隠には、一日中おれが入っているのだから」とその内幕を話した。

小咄の一つだが、興味深い内容が記されている。上野不忍の弁財天の開帳の際には、多くの参詣客を見込んで有料の「借雪隠」が設置されていた。とくに、不忍池の中島では立小便ができないという制約があったことで、女性たちは料金を払って用を足さざるをえなかった。この「借雪隠」は、不特定多数の人々が利用する有料の公衆トイレといえるものであり、上野に限らず盛り場などにも存在していたものであった。

三　隠居大名の公衆トイレ利用

江戸の町では、寺社参詣であれ、行楽地の見物であれ、都市での行動には公衆トイレが欠かせなかった。しかし、幕府法令や町触のみならず、普通の日記などにおいてもトイレの利用が記録されているものはきわめて少ない。

そこで、大和郡山藩主であった柳沢（松平）信鴻《のぶとき》が、その隠居後の江戸下屋敷での生活を綴った「宴遊日記」（『日本庶民文化史料集成』第十三巻、芸能記録二）を用いて、そこに記録されるトイレ利用の実態を確認してみることにする。この日記は、全一三巻二六冊から成り、原本は奈良県大和郡山市の柳沢文庫に所蔵されている。

図 23　現在の六義園（筆者撮影）

この柳沢家の江戸屋敷となっていた場所の一つが、現在、一般公開されている文京区本駒込にある都立庭園・六義園周辺である。江戸時代、柳沢家の駒込にあった江戸屋敷の広さは約四万坪（一三万二二四〇平方メートル）であり、屋敷約一万三〇〇〇坪と庭園約二万七〇〇〇坪から構成されており、その庭園部分が現在の六義園（図23）である。その場所は、柳沢吉保の時代には中屋敷であったが、二代吉里以降は下屋敷となり、幕末まで使用された。この庭園は回遊式築山泉水庭園の構造をもつ大名庭園であり、当時の面影を残す名園として国の特別名勝に指定され、四季折々の草花が咲く庭園風景が名所となっている。

さて、柳沢信鴻は、第五代将軍徳川綱吉のもとで側用人をつとめた柳沢吉保の孫であり、大和郡山藩第二代藩主となった人物である。その信鴻が安永二年（一七七三）五〇歳にして致仕を請い（実際の致仕は同年十月三日）、それに先立って江戸幸橋御門内（現東京都千代田区）の上屋敷から江戸駒込（現東京都文京区）の下屋敷に移転した同年五月二十四日から、天明五年（一七八五）六二歳にして剃髪するまで、一三年間にわたる日常生活を一日も筆を休めることなく書き留めたものが「宴遊日記」である。

この日記に続いて、剃髪後は「松鶴日記」と名付けた日記を寛政四年（一七九二）三月三日の死の直前まで書き続けていた。これらの日記のなかには、庭づくりのほか、歌舞伎の芝居見物、各地に出かけた物見遊山などの様子が克明に描かれ、とくに芸能記録としての評価が高いものとなっている。しかし何といっても、二つの日記の真骨頂は下屋敷を拠点とした隠居大名の日々の暮らしが詳細に書き留められていることであろう。

それでは、これら二つの日記のなかから、外出先でのトイレ利用を確認していくことにする。柳沢信鴻がよく利用していた公衆トイレとして、町方の自身番屋に付属したトイレがある。安永五年（一七七六）二月二十日の日記には、「昌平橋自身番にて大鮮《だいかい》、柳原茶鄽《みせ》に休み、伝馬町より梅原を先にやり、例の道筋、新道より松屋へ行、中村も二三日まえ、恋娘昔八丈を出し大入、市村ハ三十年已来の大入の由」の記述がある。「大鮮」とは大便のことである。柳沢信鴻は芝居見物に出かける道すがら便意を催し、昌平橋（現東京都千代田区）の橋外の自身番屋に付属するトイレに立ち寄り大便をしていた。

江戸の町方には通常、町ごとに自身番屋があり、各町の町入用で運営されていた。町奉行の監督下にあり、町内の家主や雇い人である町代《ちょうだい》や書役《かきやく》が番屋での事務を担当していた。番屋は大抵の場合、東西の往来の大通りに面した四ツ辻の南側角に設置されていた。このため、番屋に付属する形でトイレがつくられ、公衆トイレとして利用されていた。これを隠居大名の信鴻も使用していたのである。

この公衆トイレの利用は、安永七年（一七七八）六月二十九日条でも確認できる。この日の日記には、「本郷通り、昌平橋橋外番屋厠《かわや》にて大解」の記述がある。信鴻は両国（現東京都墨田区）の回向院で開催された信州（現長野県）善光寺の如来のご開帳のため出かけることになり、その行き道で便意を催し、昌平橋の橋外の番屋に付属したトイレで大便をしていた。

また安永十年四月八日条には、「新材木町通、疝瀉《せんしゃ》の気味故昌平橋厠へ行、お隆（側室）は先へ皆召連、神田井筒屋へ行、跡より行、また井筒屋裏の厠へ行、兎角瀉不止ゆへ、鄽主《てんしゅ》を竹輿《たけこし》貸に遣ハす」の記述がある。中村座の芝居見物後、茶屋で休憩した帰り道、新材木町通りで腹下りにより便意を催したので、家臣や侍女を待たせて昌平橋の自身番屋のトイレで用を足すことになった。しかし、またしても便意を催し、神田（現東京都千代田区）の水茶屋であった井筒屋の裏のトイレにも立ち寄ることになった。それでも腹痛が治まらず、竹輿（竹の駕籠）を頼んで帰宅することになった。

「宴遊日記」の全体を確認してみると、柳沢信鴻は時に重い下痢症状を引き起こしていることがあり、その際比較的長期間にわたって外出できないことがあった。おそらく胃腸にかかわる持病があったものと思われる。なお、「昌平橋厠」は、これまで述べてきたように、昌平橋の橋外にあった自身番屋に付属するトイレであった。もういっぽうの「井筒屋裏の厠」については、井筒屋の個人用トイレなのか、井筒屋裏手の公衆トイレなのかは判然としない。

四　物見遊山と借雪隠

柳沢信鴻が駒込の下屋敷に引っ越して、およそ一年後の安永三年（一七七四）六月一日の日記には、「油《（湯）》島参詣、南より三間《（軒）》めの水茶屋に休む、程なく起行、柖《（椙）》娘水茶やへ寄厠へ行、単物に着替、鄽に旗本衆来り在り」（「宴遊日記」）の記述がある。湯島天神の参詣後、本郷湯島（現東京都文京区）の水茶屋に立ち寄って休憩することになり、そのトイレを借りて単物に着替えていた。ここには、椙《すぎ》娘の名で親しまれていた看板娘がおり、有名な水茶屋であった。トイレは、単に用を足すだけでなく、着物の着替えの場としても利用されていたのである。

安永四年七月十七日の日記には、浅草寺参詣後、「首振阪にて宇平次へ寄、厠へ行、路次内の庭を見る、泉池有、亭をかしく建て幽閑の地也、夾竹桃鉢うへを買ひ、五過帰家」とあり、懇意にしていた宇平次宅に立ち寄ってトイレを借り、そのついでに家の路次内の庭をみると泉池があって興味深い佇まいであったという。この外出では、子息の里之（のち、大和郡山藩支藩の越後三日市藩主柳沢信著《のぶあき》の養子となり、四代藩主となる）も同道し、飼育している白犬がついてきて、吠え掛かってくる他犬を従者が追っ払う羽目になったとの記述がある。

安永五年（一七七六）一月二十日の日記には、「御堂中より浅草へ行、寺内にて白玉や妻に逢、浅草餅《もち》にて便所を借大鮮、直に参詣」とあり、浅草餅を売る店のトイレを借りて用を足していた。なお、「餅」とは米粉や小麦粉をこねて蒸した食品であり、むしもちの類である。同年五月十六日の日記には、浅草寺参詣後に「宇平次へ立寄大鮮、煙を弄《ろう》し、動坂植木やにてさいかちの樹の直（値）を聞しめ、五時半帰廬」の記事があり、知り合いであった宇平次宅のトイレを借りて大便をしていた。その後、動坂（現東京都文京区）の植木屋に立ち寄って樹木をながめたのち帰路の途に就いた。

ところで、物見遊山では予期せぬことに出くわすことがある。安永四年十一月二十五日、湯島聖堂の聖廟参詣に向かう道すがら、「加賀裏にて五間計先へ僧侶一人、老婆婦人二三人前行、加賀辻番へ廻れハ屎桶を覆《くつがえ》し、四方屎水路上にみち、先行の僧侶も老婆も衣裾を汚し拭居たり、少し後れし故此難を免れ、そこを走り通て聖廟参詣」（「宴遊日記」）という記事があり、信鴻は糞尿まき散らし事件に遭遇していた。ここに登場する「加賀」とは、本郷（現東京都文京区）の加賀（現石川県）金沢藩上屋敷のことであり、その裏手を歩いていたところ、先を行く僧侶や老婆の姿が目に入っていた。そこから表通りにある加賀藩の辻番所のほうへ歩を進めていくと、下掃除人が糞桶をひっくり返してしまったようで、その路上のまわりには糞水が流れ出していた。このため、先行して歩いていた僧侶も老婆も着物の裾を汚してしまったようで拭いていた。

信鴻は、少し後れて歩いていたため難を逃れ、そこを足早に通り過ぎ聖廟に参詣したという。江戸の町には多くの下掃除人が糞尿の汲み取りに従事しており、こうした光景は時として見かけるものであったにちがいない。当時の糞桶には蓋がついておらず、相当臭気も漂っていたことだろう。なお、聖廟は元禄三年（一六九〇）五代将軍徳川綱吉によって建てられたもので、孔子を祀っているところであり、別に孔子廟《びょう》・孔廟・文廟とも称されたが、それに付属した建物を含めて湯島聖堂と呼ばれていたようである。

安永六年（一七七七）一月二十八日の日記には、「大学裏道にて酔漢の武士、道に倒れ、小鮮《しょうかい》を袴のすそにかけ手をつき居たり、是小鮮せんとて足立さる故衣類迄濡たる形勢なり」との記述がある。「大学」とは江戸幕府の儒学者・林大学頭信徴《のぶあき》（鳳潭《ほうたん》）のことだが、その屋敷の裏道で酔っ払いの武士の酔い倒れに出くわした。この人物は、袴の裾を小便で濡らしてしまっており、地面に手をついた状態であった。どうやら小便をしようとしたが足腰が立たず、衣類を濡らしてしまったようである。「酒は呑んでも呑まれるな」という言葉があるが、これを地で行く典型的な酔っ払いの姿であった。これを横目で見ながら、猫又橋を経由して帰路の途に就いている。

また天明三年（一七八三）八月二十七日の日記には、「予大鮮の心もちゆへ、お隆初湯島三辻の木戸にまたせ、伊藤案内にて出入三枝や・倉田屋方へ行、〔三丁メ中程〕表路次より、地主と見へ十畳二間ばかりなる閑処《かんじょ》、路次の奥に在、彼処にて大觧、四丁メより駕《かご》に乗、お隆も駕にて帰る」の記述がある。この日、信鴻は側室お隆や家臣十一名を引き連れて中村座の「勝相撲団扇揚羽《うちわのあげは》」と「道行菜種乱咲《なたねのみだれざき》」の芝居見物に出かけた。その帰り道、信鴻は便意を催し、側室らを湯島三辻の木戸に待たせ、家臣の案内で藩屋敷に出入りしていた三枝屋・倉田屋方に行き、路次奥のトイレにて用を足した。「閑処」は便所のことである。このように、排泄に備えて、藩屋敷出入りの商家のトイレを有効に活用していた。

さらに、天明四年（一七八四）八月十八日の日記には、浅草寺への行き道で「山内太師参、甚賑し、屏風坂より出、光岩寺参詣、小解に行」とあり、寺のトイレに立ち寄って小便をしていた。ここに登場する「光岩寺」は「光感寺」の誤りであり、境内北東には門前町屋があった。同年九月十七日の日記には、「浅草参詣群集、伊せ屋に休む、厠・小觧所新に建」とあり、浅草寺参詣後に水茶屋・伊勢屋で休憩したが、この店の厠や小便所が新築されたことを書き留めていた。信鴻はこの店のトイレをよく使用していた。

また「松鶴日記」の天明六年十一月二十七日条には、芝居見物の帰路、「本郷倉田や厠を貸り、店にて着替、駕に乗る」とあり、その途中の本郷で馴染みの水茶屋・倉田屋でトイレを借り、そこで着替えを済ませると、駕籠に乗って帰宅した。

こうして、芝居見物の際には、馴染みの芝居茶屋のトイレを借りて用を足しており、中村座や市村座での芝居見物の際の茶屋は松屋か永楽屋、森田座の際には猿屋と決まっていた。これらの芝居茶屋とは家族ぐるみの付き合いであり、何の気兼ねもなくトイレを借り、用を足していた。

このように、信鴻は外出中に便意を催すと、寺や水茶屋などに立ち寄って用を足していた。とくに、馴染みの水茶屋や藩屋敷出入りの商家でトイレを借りることが圧倒的に多かったのである。

五　芝居見物と茶屋のトイレ

隠居大名の柳沢信鴻は、歌舞伎・浄瑠璃などにも造詣が深く、無類の芝居好きであった。堺町の中村座、葺屋《ふきや》町の市村座、木挽《こびき》町の森田座、のいわゆる江戸三座（いずれも東京都中央区）によく出かけて、芝居見物を楽しみとしていた。側室のお隆をはじめ、子供たち、家臣・奉公人たちを大勢引き連れて外出していた。その途中で評判の茶屋へ足を運び、名物料理に舌鼓を打ち、各地の土産物を買って帰り、留守を預かっていた奉公人たちに振舞っていた。信鴻本人が芝居好きというだけでなく、そのまわりにも芝居好きが集まっていたのである。

信鴻は、初代中村仲蔵（俳名・秀鶴）を贔屓《ひいき》とし、家族も仲蔵を好んでいた。他の役者とも親交を結んで贈り物をすることもあり、役者からも自筆の扇子などを贈られていた。当時、名優として知られた初代中村富十郎（俳名・慶子）、初代坂東三津五郎（是業）、二代目嵐三五郎（雷子）、三代目瀬川菊之丞（路考）、三代目大谷広次（十町）、五代目市川団十郎（三升）らの錦絵・団扇・役者紋の地《じ》紙《がみ》のほか、煙袋《えんたい》・提灯・お面などが「宴遊日記」や「松鶴日記」によく登場している。

芝居といえば、芝居茶屋は付き物だが、信鴻は猿屋・松屋・永楽屋などの芝居茶屋と家族ぐるみの付き合いであった。この店の者たちは信鴻のもとへ櫓下《やぐらした》番付（歌舞伎の興行案内）を届けにきていたが、いっぽうで下屋敷の庭（六義園）見物にやってきていた。番付が届くと、信鴻は観劇の日を定めて使用人を芝居茶屋に行かせ、桟敷《さじき》席をとらせていた。ところが、桟敷席の確保がうまくいくときもあれば、満席でとれないときもあり、とれないときには予定を変更し、他の座の茶屋へ使用人を行かせることもあった。

安永八年（一七七九）十一月十二日午前六時前、日本橋葺屋町の市村座へ演目「吾嬬森栄楠《あずまのもりさかえくすのき》」と浄瑠璃「色仕立紅葉段幕」観劇のため家臣・下女ら一一人を引き連れ、提灯を灯しながら下屋敷を出発した。本郷を過ぎるとしだいに明るくなってきたため提灯を消していた。新材木町（現東京都中央区）より楽屋新道に入り、芝居茶屋・浜瀬屋に立ち寄り、駕籠でやってきた側室のお隆ら三人と落ち合った。下女の伊与を贔屓の初代中村仲蔵のもとに遣わしたが、まだ寝ているとのことでまもなく戻ってきた。一行は楽屋口から入っていったが、そこで初代坂東三津五郎が入っていくのを見かけたと記述されている。はじめ座席は決まっていなかったが、四立目（四幕目）の浄瑠璃が終わると桟敷の席が確保できた。

この日の芝居は、全六幕で、午前九時が幕明けで午後九時前が打ち出し（公演終了）であった。午後二時を過ぎたころに、初代中村仲蔵が挨拶にやってきて、折詰の甘糕《かんこう》（菓子）を差し入れていた。その後、つぎのような記事がみられる。

〇五立目済て楽屋口より浜瀬やへ夕餉に行しに、六立目済て来る筈に支度せし由ゆへ、塗より又桟敷へ行。六立目済て行。大詰ハ不見。暮過三十郎召連、裏口より和泉やへ大解に行。〇夜五半前打出しにて浜瀬屋へ帰り夜餉《ゆうげ》。（略）九頃起行、同道。楽屋新道を過てお隆駕に乗。いよ・房駕に従行。帰路前路に同じ。北風動々、九半前帰廬。

五立目（五幕目）が終わったところで、楽屋口から出て浜瀬屋へ夕食に出かけたが、六立目終了後の予約であったので、食事の支度ができておらず桟敷席に戻ることになった。六立目が終わるころに夕食に向かうことになったので、最後の場面を見ることができなかった。日が暮れてから三十郎を連れて、裏口から和泉屋に行って大便をし、午後九時前に芝居が終わったので浜瀬屋へ夜食に出かけた。そして、午前零時に店を出発し、午前一時に帰宅した。途中、側室のお隆はお供の者たちと楽屋新道を過ぎたあたりから駕籠に乗って帰っていった。このように、信鴻はいくつかの芝居茶屋と懇意にしていたが、幕間にそれぞれの茶屋を食事やトイレの目的のために使用していた。

つぎに、安永九年（一七八〇）九月二十四日、堺町の中村座での観劇をみてみよう。この日午前七時ごろ、四人の家来とともに下屋敷を出た。本郷通りの旭山の水茶屋で休憩し、浅草の大門通りを通って日本橋に向かい、馴染みの芝居茶屋・松屋に行った。いつもより客は多かったが、二階の間に案内された。まもなく側室のお隆が供とともに到着し、同じころ家臣や下女らも駆けつけてきた。この日も大入りのため桟敷席が決まっておらず、近年稀にみる大入り満員で朝から木戸を閉め満員の張り札が出されていた。当日の芝居は「忠臣名残蔵」（九段目までがいわゆる「忠臣蔵」）であり、五代目市川団十郎も出演し、多くの見物客が集まっていた。幕が開くと、つぎのような記述がみられる。

○二幕目済て楽屋口より谷・村尾・みよ召連浜瀬やへ小鮮にゆく。（略）○桟敷右隣麾下《きか》衆らしき奥、左は蔵前町人。三朝、新車折々来。○六幕目済て松屋へ夕餉に行。村尾残し皆召連。○四幕目、七幕目の間に再度浜瀬屋へ小鮮に行。吉次来。○吉次桟敷へも来。○打出し六過。客多、囲へ行。○永楽屋より甘糕貰ふ。（略）○一躰去年の忠臣蔵より甚劣る。三朝・三升計勝てれ好。

二幕目が終わったところで、家来や下女らを連れて浜瀬屋に小鮮（小便）に行った。桟敷席の右隣りは旗本の奥方ら、左隣りは蔵前の町人たちであった。そうしているうち、初代尾上松助（俳名・三朝）や二代市川門之助が挨拶にきてくれた。六幕目が終わったところで家臣の村尾だけを残して、みんなで芝居茶屋の松屋へ夕食に出かけた。そして、四幕目と七幕目の幕間に再び浜瀬屋へ小便に行った。公演終了は午後六時過ぎであったが、客が多かったため二階の囲い席に行き、そこで馴染みの芝居茶屋・永楽屋から甘糕（菓子）の差し入れがあった。この日の日記の終わりには芝居評が記され、今回の忠臣蔵は去年のものよりきわめて劣っており、初代尾上松助（俳名・三朝）と五代目市川団十郎（俳名・三升）の演技だけが優れていたと述べていた。

つぎに、天明二年（一七八二）三月十七日の中村座への観劇を確認する。この日の芝居は「七種《ななくさ》粧曽我《よそおいそが》」と浄瑠璃「蝶衛《ちどり》春姿鏡」、大切《おおぎり》は「釣狐花掛罠《つりぎつねはなのかけわな》」であった。全七幕の構成で、夜に打ち出し（公演終了）であった。

午前七時過ぎ、信鴻は薄曇りのなか家臣三人とともに下屋敷を出発、あとから家臣や下女など六人も追いついてきた。楽屋新道から芝居茶屋・松屋に到着すると、あとから家臣らを伴って駕籠で出たはずの側室・お隆が先に着いていた。松屋から贔屓の初代中村仲蔵のもとに使いを送り、八丈縞（八丈島でつくられる絹の縞織物）を贈ったところ、仲蔵からは錦絵数枚が届けられた。芝居が進み、その幕間に松屋へ夕食に行き、「七種粧曽我」の二幕目から再び観劇した。その後、つぎのような記述がみられる。

○此蔵景時にて桟敷裏を通り、真、秀鶴へ用じ遣し、五郎蔵の出掛秀鶴桟敷へ来る。○永楽やりを来る、干糕貰ふ。○七頃長谷川町のせい来り、羊羹貰ふ、無程帰る。○暮少過又雨降出す。予大鮮に松屋へ帰るゆへ、出唄より跡ハ見ず。暮時打出しにてお隆等来る。

その幕間で、歌舞伎役者・中村此蔵が梶原平三景時（鎌倉時代前期の武将）の衣装で、信鴻らのいる桟敷席の裏側を通りかかるというハプニングに遭遇した。また贔屓の初代中村仲蔵もこの日演じる猟人・五郎蔵の衣装のまま出番間際に桟敷席に駆けつけてくれた。此蔵は名優ではなかったようだが、浮世絵師の東洲斎写楽は寛政六年（一七九六）五月に桐座で上演された演目「敵討《かたきうち》乗合話」に登場する「中島和田右衛門のぼうだら長左衛門と中村此蔵の船宿かな川やの権」の役者絵を描き、此蔵に着目していた。そうしているうち、懇意にしていた芝居茶屋や知り合いから菓子を差し入れられていた。この日は曇り空から雨が降ったり止んだりの天候であったが、暮を少し過ぎると再び雨が降り出しはじめた。信鴻は大觧（大便）のため松屋へ戻ったので出唄以後を見なかったという。

このように、信鴻は芝居見物に出かけると、懇意にしている芝居役者と交流し、また知り合いの水茶屋から菓子などを差し入れられていた。そして、観劇の幕間には芝居茶屋での食事やトイレの用を済ませていたのである。

六　小便所から小便溜桶へ

江戸の町では、古くから立小便の習慣があり、これに対して町奉行所は町方の各所に「小便無用」の札を掲げてその規制に乗り出していた。天明四年（一七八四）四月の小便溜桶の設置願いには、「新規之場所又ハ在来小便所ニ而も下水江流捨り候」（『江戸町触集成』第八巻、第八九七二号）とあり、この時期新しく敷設された小便溜桶や従来からある小便所でも小便を下水などに流し捨てていた。

当時、町方の人々は河川や下水の近くに小便所を建てて、その小便を直接廃棄することが普通におこなわれていた。またこの史料には、「小便所之儀ハ裏々一統、雪隠或ハ下水を相用候」ともあり、裏長屋の者たちは惣雪隠（共同便所）や下水で小便し、小便所の小便を下水に流していた。このように、裏長屋の者たちは下水を排泄物を流す場として利用し、河川に流していたのである。

享和三年（一八〇三）九月、江戸の町人たちが町々への小便溜桶の設置を願い出た際、町奉行の命を受けた町年寄の樽与左衛門が町々との交渉許可を年番名主たちに申し渡した内容には、「町々ニ小便所構は有之候得共、肥シ成品故不流捨様、町々江懸合熟談之上、場所見立樽を埋、小便所より流入候様致」（『江戸町触集成』第十一巻、第一一二〇四号）という内容が記述されている。つまり、江戸市中には小便所のようものがあったものの、その小便は河川や下水に流されていた。しかし、肥料になるものなので町人たちに廃棄しないように説得し、小便所の傍らに樽を埋めて小便を回収できる溜桶を設置させようとしていた。この頃、江戸の下肥は高騰し、人糞ばかりでなく小便をも回収して農耕肥料として役立てようとする動きがあった。そのため、江戸の町々に小便溜桶を設置し、その小便を売却して稼ぎ仕事にしようとする町人たちも現れるようになったのである。

これに先立つ寛政元年（一七八九）閏六月、江戸町人による小便溜桶の設置願いには、「御府内中往来小便之義、唯今迄猥ニ仕来候ニ付、第一往還道筋不浄ニも罷成見苦敷義も有之候」（『江戸町触集成』第八巻、第九四六四号）とあり、これまで江戸市中の往来での立小便が見過ごされてきたが、それでは道路が不潔になるだけでなく、視覚的にも見苦しいと述べていた。このように、江戸の町では立小便が日常化していたことで、都市の衛生や風紀の観点からも問題視されるようになってきていたのである。

天保四年（一八三三）の序跋のある瀬川如犀らの「世のすがた」（三田村鳶魚編『未刊随筆百種』第六巻、一九七七年）には、「近年製出せし焼物の小便箱《ばこ》は時々水にて洗へば潔し、又小便溜を市中の小路に埋置事、文政の始よりはじまり、これを汲取て近村に遣すことを請合ものあり、一つの株のやうに成しと聞」と記述されている。ここには、小便溜桶の設置が文政期（一八一八～三〇）の初めからとあるが、これは誤りで、すでに天明年間（一七八一～八九）には始まっていた。そして、天保年間（一八三〇～四四）になると、陶器製の小便器が登場するようになり、水で洗えば清潔性も担保できるようになった。そして、そのころには小便の汲み取り業務が「株式」のように既得権益化していたようである。

このように、近世後期になると、江戸の町々では河川や下水などに小便を流し捨てていたことから脱して、小便溜桶に小便を溜めてそれを回収し、下肥として利用するといった物質循環システムの整備がいっそう進んでいったのである。この背景には、下肥価格の高騰という事情があり、これを払拭するためにも小便の下肥利用が重要なテーマになっていた。また小便器自体が木製から陶器製へと変化していき、都市衛生の改善に貢献していくことになった。しかし、その普及にはなお時間を要することになったのである。

第二章　公衆トイレの設置と市民生活

一　近世前期の公衆トイレ

江戸の町の公衆トイレは、いつごろからできはじめたのだろうか。そもそも公衆トイレは、必ず設置されていなければならないというものではなく、たとえ必要なものであったとしても金銭面や管理・運営面を考えるとそう簡単に設置できるものではなかった。おそらく、多くの人々が公衆トイレの必要性やメリットを感じなければ普及しないものであったと思われる。

公衆トイレの利用者側からみれば、排泄で急を要した際に、無料で、しかもどこにでも公衆トイレが設置されていればこの上なく便利なものであり、衛生上の問題はあるにせよ、外出先ではその貢献度が高かったものであったにちがいない。それに比べて、その設置者には多くの課題がのしかかっていたように思われる。一つは設置のための場所の問題、もう一つは設置のための資金の問題、さらには設置後の管理の問題などである。

たとえば、行政が設置者である場合、都市のあちこちに排泄された糞尿が散在していて衛生上問題が起きているとか、多くの人々がその設置を望んでいるとか、というような状況があればその設置に踏み切る条件にはなりうるだろう。しかし、その管理の問題について解決できる見通しがなければ、そう簡単には設置できるものではなかったように思われる。ましてや、庶民がそれを設置しようとする場合には、なおさら何らかのメリットがなければその設置に着手しにくいものだったのではないかと思われる。このように考えると、多くの参詣者が集まる古刹の寺院や神社などの名所、また芝居小屋や飲食店が立ち並ぶ盛り場、さらに多くの人々が行き来する主要道路などでは、公衆トイレは必要なものであったにちがいない。

そこで、近世前期の江戸の町触から「公衆トイレ」の存在を確認していくことにする。承応四年（一六五五）三月、町奉行所は河岸地での商品の積み置きや小屋の建築などによる不法占拠を禁じた（『江戸町触集成』第一巻、第一〇六号）。当時、河岸通りには荷下ろしされた材木・竹・薪などが置かれており、一定量を置くことは認められていたものの、物品の高積みによって河岸地を不法占拠することは禁止されていた。また河岸地に小屋や雪隠を建てたり、枝のついた竹を立て並べて物を掛けて乾かすときに用いる虎落《もがり》をそのままにしておいたり、作業によって出る塵芥を放置しておくことも禁止された。ここに登場する雪隠は、河岸の労働者や往来人らが使用する「公衆トイレ」であったとみられる。このほかにも、河岸通りへの許可以外の小屋建設や橋の上または両橋詰に商売道具を置くことも取締りの対象になっていた。

明暦大火後の明暦四年（一六五八）一月、町奉行所が各橋の橋詰での小屋掛けや薪類の積み置きを禁止したのに対して、町方ではその請書を提出していた（『江戸町触集成』第一巻、第一九二号）。同年五月にも、河岸端での小屋・雪隠・虎落の設置を禁じ、また定められた橋詰・突き抜けの物揚げ場以外は空き地にしておくことが命じられていた。明暦の大火後の対策として、幕府は都市機能を維持するために河岸通りを火災時の避難経路とするため空地にしておくことにしていた（『江戸町触集成』第一巻、第二〇二号）。

ところが、明暦の大火以前においても、河岸地での材木・竹・薪類の積み置きは規制されており、また小屋・雪隠などの建築も禁止され、橋の上や橋詰での商売も許可していなかった。しかし、それらはなかなか守られなかったので改めて法の適用を厳重にし、明暦四年（一六五八）七月二日、河岸通りの町方は町奉行所にその請書を提出していた（『江戸町触集成』第一巻、二〇七号）。

これに関連して、明暦四年七月十一日、町奉行所は江戸の河岸での小屋や雪隠などの設置を禁じ、また川へ突き抜け、京間四間（約七・六四メートル）までの空間を明けて置き、そのオープンスペースの利用規定を定めていた。これに伴い、河岸地には商売物を置かず、またごみを捨てず、掃除して綺麗に保つことが義務づけられていた。ここでは、物流的にも、防災的にも、河岸をオープンスペースとすることで都市機能を維持することが優先されており、雪隠などのような建物の造作は認められていなかった（『江戸町触集成』第一巻、第二一〇号）。同様の内容は、万治元年（一六五八）十月にも触れられ（『江戸町触集成』第一巻、第二二〇号）、その違反者の過料として銭五貫文の徴収を決定していた。

このように、近世前期の江戸の河岸地には違法な形とはいえ、トイレが設置されていることがあり、その建築禁止や取り払いが命じられていた。物資の積み下ろしの場である河岸であるからこそ、ここでは多くの人々が働いており、トイレの設置が必然化されていたのであろう。

二　近世前期の公衆トイレ経営

公衆トイレは、前述したように多くの人々が集まる場所であれば早くから設置されていたのではないかと思われる。しかし、その事情がわかるものは少ない。そこで、文学作品から確認していくことにしたい。

延宝八年（一六八〇）に刊行された山雲子の噺本「軽口大わらひ」第二（『噺本大系』第五巻）の一編に「辻雪隠の事」がある。山雲子は本名を坂内直頼といい、元武士でその後浪人となり、京都に移り住んで執筆活動をした人物である（陳羿秀「山雲子の著作について」『近世文藝』第九九号）。この作品は当初、上方版で、その後江戸版も出版された。こうしたことから、もともと江戸で創作されたものではなく、上方の生活事情を反映したものと推定されるが、都市に共通する話題であったとみられるため確認していくことにする。

ある男が道路の辻に雪隠を建て、そのうち糞尿が溜まったので売却したところ大儲けをしたと語った。この話をしみったれた男が聞きつけ、大儲けした男に先を越されたと思いながらも、すぐその隣に雪隠を建てた。そこで、しみったれた男はこれからの雪隠の維持・管理について思いをめぐらせた。今日から自分が建てた雪隠に利用者が入るようにする方法として、多くの人々が集まっていたら自分が他人の建てた雪隠に入り、利用者がやってきたら咳払いして「隣へどうぞ」と言えば、利用者は必ず自分が建てた雪隠に入るようになると考えた。この方法を隣の雪隠を建てた男が知り、「それにしても心がきたない男だ」と立腹して、夜間に自分が建てた雪隠に行って、その踏み板を踏めば便壺に落ちるような細工をしておいた。このことを知らずに、しみったれた男が次の日、隣の雪隠に入ったところ、まんまとその罠にはまり、糞まみれになって這い上がってきた。散々な目にあって帰宅したところ、それを見た女房が「何と見苦しいありさまでしょう」と。このような事態になって本当に恥をかかされたけれども、しみったれた男は素知らぬ顔をして着物の両方のたもとから糞を取り出した。「怪我の功名のたとえのように、転んでもただでは起きないよ。この糞を見てくれ。洗濯の代金くらいは持ってきたぞ」と言った。

これは、延宝年間に刊行された噺本の一編だが、当時、上方の辻には有料の「辻雪隠」が設置されていたようである。これは、行政が設置したものではなく、金儲けのために庶民が建てたものであった。この話では、「辻雪隠」を設置すれば儲かるとの前提があり、これに追随して大儲けをねらった笑い話として創作されたものである。

このように、「辻雪隠」は多くの人々が通行する街路に庶民の手によって設置され、有料で不特定多数の人々への「借雪隠」、すなわち公衆トイレとして位置づいていた。そして、この雪隠に溜まった糞尿は売却されていたということなので、下肥として利用されていたものであろう。

近世前期の江戸の町で排泄された糞尿は、廃棄物として江戸周辺の農村に引き取られていたが、農村ではこれを下肥として利用していた。これに対して、上方では近世前期から庶民が建てた有料の「辻雪隠」があり、その糞尿が有料で販売され下肥として利用されていた。都市の糞尿が商品として取引されはじめていたのである。この時期、江戸の町では「辻雪隠」を確認できていないが、その設置の可能性は十分にあったと思われる。

なお、この笑い話は安永期に出版された『鹿の子餅』（岩波文庫『安永期　小咄《こばなし》本集　近世笑話集（中）』）の一編「借雪隠」と似通っている構成であり、小咄として引き継がれていったように思われる（第二部第一章二を参照のこと）。ここでは、上野不忍の弁財天に場所を設定して、ある人の「借雪隠」の設置による大儲けに刺激されて、別の男がその隣に「借雪隠」を建て、ある人の雪隠には自分が入りっぱなしとなり、自分の雪隠に利用者を入れて大儲けをするという筋立てになっていた。こうした有料の公衆トイレは、近世前期から庶民によって設置され、その後期へと継承されていったのである。

三　臨時の小便所

江戸の町では、江戸時代を通して放尿や立小便が横行していた（第一部第一章五を参照のこと）。このため、小便所の設置も京坂に比べれば遅れをとっていたようである。その理由は、江戸では放尿・立小便の習慣が根強く残っていたこと、また近世中期ごろまでは町の往来での小便所の設置が認められていなかったという事情もあったように思われる。

ところが、江戸の町でも小便所を設置せざるをえない特別な事情のときもあったようである。その特別な事情というのが、朝鮮通信使の来朝である。延享五年（一七四八）五月、朝鮮通信使一行が九代将軍徳川家重の将軍就任祝賀のため来朝した。それ以前の三月、江戸の町方には朝鮮通信使来朝に備えての留意事項が触れられた。そのなかに、つぎのような条文がある（『江戸町触集成』第五巻、第六八四七号）。

一、朝鮮人道筋之内、小便所、中橋広小路、浅草広小路両所ニ而六ケ所ニ相極候、其外之町々ニ而小便所拵候儀、無用ニ可仕候事

朝鮮通信使一行が通行する道筋のうち、中橋広小路（現東京都中央区）と浅草広小路（現東京都台東区）に六カ所の小便所を設置することになった。しかし、その他の町では小便所をつくることが禁止されていた。この小便所は、おそらく臨時につくられたものであろう。誰が利用するものであったかについては明記されていないが、朝鮮通信使一行のためのものであったとみられる。そして、これ

らの小便所は町奉行所の命により地元の町が設置したものと思われ、その通行後取り壊すことになっていたものであろう。

朝鮮通信使の来朝は、宝暦十四年（一七六四）二月にもあり、その目的は十代将軍徳川家治の将軍就任祝賀のためであった。その前年十一月二十七日と二十八日の両日、江戸の町々には朝鮮通信使を迎えるにあたっての心得が触れられた。二十七日には前述した条文と同じものが触れられたが、二十八日の「喜多村ニ而町々名主被呼被申渡」には、つぎのような条文がみられる（『江戸町触集成』第六巻、第七六五四号）。

一、中橋広小路小便所三ヶ所、浅草広小路小便所三カ所、右六カ所軽く囲致し、手水場を付ケ、
　尤手拭白衣差置、町人世話可致事

前回の来朝時と同様に、中橋広小路と浅草広小路にそれぞれ三カ所ずつ、計六カ所の小便所を設置することになったが、それらの小便所には簡単な囲いをして、手水場をしつらえ、白衣の手拭いを置いて、それを町方が世話するように命じられていた。この手厚い対応から、臨時の小便所は朝鮮通信使一行のために設置されたものとみられる。

また、宝暦十四年（一七六四）二月六日の「喜多村ニ而町々名主江被申渡」には、朝鮮通信使の来朝直前に「小便無用札取可申事」（『江戸町触集成』第六巻、第七六八六号）との申し渡しがあり、「小便無用」の札を取り外しておくようにとの命令が出ていた。このことから、それまでの江戸の町では

常に「小便無用」の札が掛けられている状況であったことが明白であり、通信使一行の通行に際して見た目の悪さから外させたものであろう。この事実からしても、江戸の町では放尿や立小便が横行していたとみられる。こうした習慣が根付いていたことから、大小便共用の便所に比べて小便所が増えなかったのではないかと推察される。ただし、それだけでなく、江戸の町では江戸時代の後半まで小便の肥料的価値への認識の低さやトイレ管理上の煩わしさという問題などもあったように思われる。

四　河岸の公衆トイレ

河岸は河川や堀に沿った陸地であり、荷物の積み上げ場、あるいは荷物置き場、貯蔵庫として利用されていた。しかし、領主側では、河岸端は本来、空地にしておくべきものと考えており、江戸時代前期には河岸での荷物の高積みや建物の建築、それに雪隠や射的場の設置を禁じる法令をたびたび出していた。ところが、荷物輸送業者や商人たちからすれば河岸を荷物の保管場所として利用することはどうしても必要なことであり、しだいに一定の制限内で許されるようになっていった。

慶安元年（一六四八）二月、町奉行所は人々の町での暮らしにかかわってさまざまな規制を設け、その取締りを命じた。このなかで、河岸の利用について、的をつくって弓を射るようなことをしないこと、薪を一間（約一・八メートル）以上高く積み上げず、これに違反した者からは銭一貫文を罰金として徴収することなどを申し渡した（『江戸町触集成』第一巻、第七号）。ここには、つぎのような条文もみられる。

一、河岸端ニ作り置候小屋・雪隠早々こわし取可申事、残置候者有之ハ、代物壱貫文過料たるへき事

附、まこひさし之分取可申事

このように、河岸端に建てられている小屋や雪隠の早急な取り壊しを命じ、これが残っていた場合にはその設置者から罰金として銭一貫文を徴収することにした。また、母屋の屋根の下に取り付けられた庇のさらに下につくられた庇である孫庇の撤去も命じられていた。このように、河岸端にはそこで働く人々や往来する人々のために雪隠が設置され、特定の人々や不特定多数の人々によって使用されているものがあった。

その後も、河岸端の不法利用がなくなるどころか、より度を越した利用が活発化していた。こうしたこともあってか、明暦の大火は大惨事となった。これにより、河岸端の取締りはいっそうきびしくなっていった。そして、江戸の町の持続可能性を維持するために、明暦四年（一六五八）七月十一日の「覚」では、町人の荷揚げ場として設置された河岸では小屋や雪隠の設置を禁じ、川へ突き抜け、京間四間を明け置くことを命じていた（『江戸町触集成』第一巻、第二一〇号）。

そうした規制はなかなか守られず、万治元年（一六五八）十月にも前述した内容と同様の町触が触れられ、とくに材木や竹は立てかけておくのではなく横に積み置くことを命じ、またその違反者の罰

金として銭五貫文を徴収することとし、その家主からも過料銭五貫文を徴収することを決定した（『江戸町触集成』第一巻、第二二〇号）。翌二年一月の町触でも、同様の禁止事項が触れられ、また三河町一丁目（現東京都千代田区）の者たちが禁止場所への薪の積み置きの罪で処罰され、罰金として一人あたり銭一〇貫文ずつを召し上げられたことが触れられた（『江戸町触集成』第一巻、第二三三号）。こうした状況にもかかわらず、河岸端の雪隠もなくならなかった。それだけ、河岸端には雪隠が欠かせなかったということであろう。

ところが、元禄十二年（一六九九）六月、町奉行所は河岸の一部を蔵地として認め、土蔵を建てることができるようになった。それを認めた理由は、火事の際に商品が焼失すれば世の中の損失になり、土蔵であればそれが守れるということであり、また土蔵は燃えにくい建造物なので延焼防止に役立つと説明されていた（『江戸町触集成』第二巻、第三五四四号）。

ところが、土蔵の建築が認められると、人々は土蔵に居住して火を焚いたり、また土蔵に庇をつけたり、さらには土蔵で商売を始めたり、そのほかにも土蔵に見苦しいものを置いたりするなどの問題が発生してきた。しかしながら、河岸端に土蔵がないと困る人には土蔵の建築を認めて清掃を奨励し、それ以外の建物を建てないように命じた。ここでも、河岸端への雪隠の設置は認められていなかったが、河岸で働く人々の必要に迫られて存続していた可能性はあるように思われる。

延享五年（一七四八）五月、徳川家重の将軍就任祝賀として朝鮮通信使一行が来朝することになったが、その前月二十四日の「朝鮮人来朝ニ付、七番組名主寄合勤方申合」のなかで、河岸に設置されている雪隠の入口に莚《むしろ》（藁などを編んでつくった敷物）が下げられているものについては、板戸に仕替えるように申し合わされていた（『江戸町触集成』第五巻、第六八四七号）。莚を板戸に替えることになったのは、見栄えをよくするための措置であったとみられる。

このように、河岸端には粗末な雪隠が設置され、そこで働く人々や往来の人々のためのトイレとして機能し、「公衆トイレ」として利用されていた。そして、何より重要なのは、名主組合に属する各町の名主たちが寄合を開いて、河岸端に設置されていた雪隠の改造を申し合わせていたことであり、名主組合が管轄していた「公衆トイレ」とみなすことができよう。

なお、江戸の各町には町名主が置かれて個別の町を支配していたが、名主組合とはいくつかの町を束ねた組織をいい、その代表を年番名主といった。享保七年（一七二二）七月の結成時点では一七の名主組合と新吉原の名主組合とがあった。その設置目的は、市街地の拡大や名主の増加によって町触の伝達などに不具合が生じることを警戒したためであり、町名主の不正や勤め向きの監督をもおこなっていた。

天明三年（一七八三）五月二十日、町年寄の奈良屋がすべての年番名主に申し渡した町触は、町奉行が公儀地である河岸端の統制に直接乗り出そうとしたものとして注目される（『江戸町触集成』第八巻、第八九〇一号）。これは、町奉行が河岸端を「公儀御地面」と認識した最初の町触であり、このもとで個人が河岸端に物置を建てること、あるいは囲いをすることを認めないことにした。これにより、河岸端を商品の保管などに利用するのであれば、奉行所へ願い出るように命じたのである。

このように、河岸端は「公儀地面」と認識され、以後、オープンスペースとして空けて置くことが、河岸のもつ基本的な特性として継承されていくことになった。こうして、河岸が建物により建蔽されることを防止しようとしていた。このなかで、河岸の「公衆トイレ」も設置の願い出が必要となり、町奉行所の判断を仰がなければならなかったのである。

五　自身番所と公衆トイレ

江戸の町々には、自身番所と呼ばれる町内警衛のために設けられた施設があり、自警制度の一つであった。町内の大通りの両端に木戸があり、木戸に接して番屋を設け、一方の番屋に木戸番、他の一方に自身番が詰めていた。この自身番が詰めていた施設は自身番所とも、自身番屋ともいい、転じてこの番所自体を自身番と称することもあった。自身番所は大きな町には一つ設けられていたが、二、三カ町共同で設置しているところもあった。

自身番所ははじめ町居住の地主町人本人が交替でつとめていたが、のちには家主・店番・町内雇いの番人らが昼夜に分かれて詰めるようになった。大きな町や二、三カ町共同の番屋では五人、小さな町では三人が詰め、非常時には増員することになっていた。自身番の任務は、交替で町内を巡回し、不審者が町内に立ち回れば捕えて番所にとどめ置き、奉行所に訴え出た。喧嘩口論をいましめ、夜は火の元を用心させた。また町廻りの奉行所同心などが犯罪容疑者を捕えたとき、一時ここに留置して取調べをおこなうこともあった。さらに、自身番所内には纏《まとい》・鳶口《とびぐち》・龍吐水《りゅうどすい》・玄蕃桶などの火消用具が常備されており、半鐘が鳴ると町役人・火消人足が自身番所に駆けつけ、道具を持ち出し、勢ぞろいしてから火事場に赴いた。

なお、江戸の自身番所には、前述したように付属施設として「公衆トイレ」が設置されていることが多かった（第二部第二章三参照）。このトイレは、自身番所の勤務者や訪問者、また一時的に留置されている犯罪容疑者などが用を足すときに使用されていた。そうしたトイレは御堀端に限られていたわけではなかったが、必要不可欠なものとして維持されていた。

天保十三年（一八四二）十月、町奉行所は御堀端に存在する建物を防災や治安維持の観点から撤去することを目論み、町々からそれに対する伺い書を提出させた（『江戸町触集成』第十四巻、第一三七五二号）。このなかで、御堀端にある建物で必要のないものは取り払われることになったが、名主組合一番組の名主たちは自身番所際のトイレについては自身番所で犯罪容疑者などを預かったときに、遠方ではその扱いにも困るためそのまま残してほしいという伺い書を提出した。

この伺いに対する河岸地取調掛の回答は、「御堀端自身番屋雪隠之儀は成丈《なるたけ》番屋へ引付差置候様いたし、板囲不目立様補理可置候事」とあるように、御堀端の自身番所際にある雪隠はできるだけ自身番所に近づけて建てることとし、その板囲いも目立たないように設置するように命じていたのである。

　このほか、江戸城石垣外の御堀端や河岸地内には、上家のない竹木・炭薪の置場があり、また丸太や貫木《かんぬき》（柱と柱を貫いて横に渡した部材）・竹矢来などで囲い込まれているところもあり、そのなかには稲荷社・紺屋干場・炭団《たどん》干場・非人小屋などのほか、雪隠や小便所も含まれていた。町方からはこれらの施設の取り払いについても伺いを提出するよう申し渡されていた（『江戸町触集成』第十四巻、第一三七五二号）。

　この伺いに対する河岸地取調掛の回答は、「河岸地物置囲込有之候神仏は、今般町触と見合取払可申、雪隠・小便所・芥溜は成丈不出張様致し差置、紺屋干場・炭団干場は其侭差置可申事、但、非人小屋之儀此方より弾左衛門江申付候」（『江戸町触集成』第十四巻、第一三七五二号）という内容であった。つまり、河岸地内の物置や神仏関連施設は撤去を命じられたものの、紺屋干場・炭団干場はそのまま残すことが認められ、雪隠・小便所・芥溜はできるだけ河川や道路に出っ張らないように設置することを条件に認められた。なお、非人小屋の扱いについては町奉行所から穢多頭《えたがしら》の弾左衛門に申し付けることになっていた。

　このように、御堀端や河岸端には合法・非合法を問わず、さまざまな施設が位置づいていた。町奉行所はそれらの一つ一つを検討し、撤去すべきものと残し置くべきものとを決定することになった。まずはそれらの土地が「公儀地面」であるとの認識に立って、私的なものの撤去を命じ、公共性の高いものを残し置くことになったのである。このなかにあって、紺屋干場・炭団干場は何の条件もなく認められ、トイレ施設は条件付きながら残し置くことが認められたが、神仏関連施設は私的要素の強いものとの判断でその撤去を命じられることになった。

六　近世後期の公衆トイレ設置人

江戸時代後期になると、江戸周辺農村の蔬菜栽培の安価な農耕肥料として江戸の糞尿が注目されるようになり、糞尿の農耕肥料としての商品価値が上がり、その取引によって売買の対象となっていった。このことは、江戸の住人（糞尿の生産者）にとっても、あるいは江戸周辺農村の農民（下肥購入者）にとっても、実に大きな変化であった。

江戸時代前期、江戸で排泄された糞尿は廃棄物として江戸周辺農村に無料で引き取られ、下肥として利用されていた。しかし、近世中期以降の江戸の人口の急増とともに、周辺農村で栽培される蔬菜の需要も高まり、その安価な農耕肥料として江戸で排泄された糞尿が注目されるようになった。まさしく、江戸の糞尿はそれまでの廃棄物から商品へと変化し、その商品価値はますます高まっていくことになった。

こうして、江戸の糞尿が商品価値を帯び、そして高騰していくと、公衆トイレの下掃除に従事したい者たちが名乗りを上げるようになった。これには、二通りの下掃除人がいた。一つは、下肥価格が高騰するなかで、江戸の町に公衆トイレを設置して下肥を確保したいという農民たちである。ここには、穀物や蔬菜などの生産のために田畑への下肥を確保しようとする農民たちと、多量に下肥を確保してそれを売却して利益を得ようとする農民たちとがいた。後者は手広く下肥商売を展開し、下請人を雇って江戸の町から多量の下肥を運んでいた。この下請人のなかに町人たちもいたのである。

もう一つは、江戸の町人でありながら、都市衛生の向上や利益の追求のために公衆トイレ経営に参入している者たちである。町人は江戸の各屋敷の下掃除を請け負うことができず、公衆トイレの設置にかぎって下掃除が許されていた。その汲み取った下肥を農村に売却して、生計を立てていた。

こうして、江戸時代の後期には、農民と町人の双方が江戸の公衆トイレの設置願いを申請するようになった。いずれにも、利益追求を主眼とする者たちが競って公衆トイレを設置し、その下掃除に従事するようになると、下肥価格が高騰していくのは自明の理であった。このため、下肥値段の値下げ運動が展開しても、値下がりするどころか、いっそう値上がりしていくことになった。そうした下掃除人のなかに公衆トイレの経営に乗り出して利益追求に奔走する者たちがおり、この者たちは下肥価格が値上がりしても下肥を確保したいわけであり、価格の引下げはきわめて困難であったのである。

第三章　江戸の公衆トイレと都市衛生

一　下肥の需要と価格の高騰

十八世紀後半になると、いよいよ下肥値段が高騰していった。これにいち早く反応したのは、江戸周辺の農民たちであり、その末期には多くの村々が結集して下肥値段の値下げ運動を展開していくことになった。このような江戸周辺農村の農業をとりまく状況を、農民たちがどのように記録しているのかをみてみよう。

寛政元年（一七八九）十一月、武蔵国東葛西領ほか一〇数カ領の村々は、その代表である「領々惣代」の名をもって、下肥値段の引下げを求めて幕府勘定所に願い出た（『東京市史稿』産業篇第三十三）。江戸周辺の多くの村々が江戸市中の下肥価格を引き下げる運動に立ち上がったのである。

さて、江戸周辺の村々には郡と村との間に「領」と呼ばれる地域単位があった。この「領」は幕府領や旗本領という個別領主の領域を示すものではなく、東葛西領や西葛西領というように、一定地域の領域を指すものであった。そして、その範囲は必ずしも郡域で完結しているものではなく、いくつかの郡にまたがっている場合もあった。この「領」は幕府代官や領主の支配単位として、また用水・

訴訟など民衆の地域結合の単位としても機能していた。その「領」の村々を束ねていたのが「領中物代」であった。さらに、そうした「領」をいくつか束ねているのが「領々惣代」であった。

江戸市中の下肥価格の引下げを要求した願書には、当時の江戸周辺村々の生活を取り巻く状況が詳細に記述されていた。昔は田畑の年貢というものはその収穫量に相応したものであったので、命じられるままに年貢の米や金銭を納入してきた。そのころ、年貢以外の税金や人足負担も高くなく、農業の相続も何ら問題はなかった。しかし、年貢の定免《じょうめん》（江戸時代の年貢徴収法の一つで、豊凶にかかわらず数年間は一定の年貢量を納めること）の切り替えのたびに増税を申し渡され、その他の税金についても毎年増えていった。このため、農民たちはいよいよ困窮してきて、農業の相続はもちろん、生活それ自体も成り立たなくなってきた。そのうえ、江戸周辺の村々には将軍の鷹狩に伴う人足負担が重くのしかかり、それ以上の負担に対応できそうもなく困窮してきていた。

ところが、その一、二年前から鷹狩の人足負担だけでなく、その他の諸役も軽くなって、困ることは何もなくなった。これにより農業に精を出し、さまざまな作物を仕付けて江戸に出荷するようになり、豊かな暮らしが到来すると思われた。そのころの武家屋敷の下掃除では、少額の金銭を支払って下肥を買い取っていたが、契約の切り替えのたびに増額されていった。農民でありながら、下掃除渡世を生業としている者たちは他人の迷惑も考えず、下肥価格を糶り上げていた。これまで武家屋敷の下掃除代が金二〇両くらいで取引していたところが、今では金六、七〇両くらいに跳ね上がり、町方屋敷の糞尿についてもそれまで金一〇両くらいであったところが、今では金三、四〇両に値上がりしてしまった。このように、急激に下肥価格が高騰していったのである。

これに追い打ちをかけたのが、銭相場の下落であった。これまで金一両あたり銭三貫文で交換されていたものが、最近では金一両あたり銭六貫文に下がってしまった。このため、それまでは畑一反歩（約九九一・七平方メートル）で野菜を栽培すると銭三貫文＝金一両の収穫があったが、今では二反歩の畑で野菜を栽培しないと金一両を稼げなくなってしまった。これに伴い、年貢金の上納も二倍に増え、奉公人の給金や下肥代金も四倍に膨れ上がった。このため、多くの田畑を持っている農民たちは奉公人を抱えているうえに、下肥代金も多くかかるので支出が多く、収入に見合わなくなってしまったのである。その結果、広い田畑を耕作するほど損失が大きくなるので、零細農民らに田畑を預けて耕作地を減らすしかなかった。ましてや下肥の値段が高いために多くを投入できなくなり、手余り地が増えていくことになった。また村内では中・下層の農民の収入が少ないため下肥を入手できず、そのために田畑は不作となって耕作放棄地と同じようになり、いよいよ困窮することになった。

下肥が安かったときには、農民たちは米穀のほか、瓜・茄子・葱《ねぎ》・牛蒡《ごぼう》・菜・大根など、さまざまな野菜を栽培していた。そして、収穫の季節になると、江戸に出荷して競り売りし、その売却代金で年貢金や下肥仕入れ金をまかなっていた。ところが、下肥値段の高騰によって手元に金銭が残らなくなり、今では広い田畑に作物を仕付けても収入が見合わないので、わずかな栽培面積で作付けせざるをえなくなってしまったという。

　とくに、江戸の周辺農村というのは遠隔地と異なり、年貢納入が済めばその年の余剰米穀のすべてを江戸へ送って売り払ったので、それほど大量ではないものの、江戸の町の潤いにも貢献していた。ところが、天明六年（一七八六）に天候不順が続いて洪水が多発し、飢饉になってしまった。農民たちは食べるものにも困るようになり、幕府からその手当として米金を支給されるようになり、また食料に代わって金銭も拝借できるようになった。そして、これらの拝借米金を村人全員で分け合い、食料の雑穀や殻麦《からむぎ》・粟・稗などは近隣の村にはないので、遠方の縁故を頼って銭一〇〇文あたり麦一升、稗一升三合の値段で買い集め、ようやく命をながらえることができた。当時、米穀は不足し、米値段は格別高くなり、これは前代未聞のことであった。このような事態になると、金銭よりも米穀の現物がありがたく、農民たちはきびしい状況のなかで苦しい農業経営をおこなわざるをえなかったのである。

　その後も、江戸の周辺農村では凶作が続いたので、たとえ遠国に大量の米穀があったとしても急な御用では役に立たず、天明八年からは幕府からの「御救」によって貯穀（穀物の備蓄）をおこない、自然災害の際にはこれを利用することを命じられた。さらに今年の秋に収穫した籾を貯穀して取り置くことになったので、飢饉や凶作の際の対応ができるようになって幕府に感謝していた。このような対策が整備されたので、餓死しないだろうと安心していた。

しかし、今後も凶作が続けば江戸の町も衰微し、江戸周辺農民たちの農業も維持できなくなることは目に見えていた。村人がいくら考えてみても農業経営を維持するための方策は見当たらず、村役人に領主へ救済を願ってほしいと頼んでも、村役人が村人にいうには近年の異常気象ではどれだけ働いても問題は解決せず、そもそも田畑に施肥する下肥の仕入れができそうもなく、どうしようもないということであった。田畑の耕作を開始しようとしても下肥が確保できず、それを施肥できなければ結局は不作になることが予想され、その結果誰も田畑を耕作する者がいなくなり、農民も生活できずに離村するしか手立てがなくなってしまったのである。

このため、江戸周辺の村々は「領々惣代」を立てて、武家屋敷や町方屋敷の下肥代金を引き下げてくれるよう勘定所に願書を提出した。このとき、江戸周辺の村々は武家屋敷・町方屋敷とも肥船一艘分の下肥購入代金を平均して金一分程度引き下げてほしいと願い出た。これにより、初春より夏土用明けまでは船賃を含めて肥船一艘あたり金三分から金一両くらいまでに、また土用明けより年末までは金二分から金三分くらいまでになれば、多くの農民が農業経営を安心して維持できると考えていた。このように、寛政元年（一七八九）には、江戸周辺農村の農民たちが農業を維持できないほど下肥値段が高騰していたのである。

この二年前の天明七年（一七八七）五月には江戸で大規模な打ちこわしが発生し、これが直接的契機となって幕府内では田沼意次支持の政権派が没落し、翌六月に松平定信の老中就任が実現し、寛政の改革がはじまることになった。この年以降、豊作が続いたにもかかわらず、米価は下がったというのに諸商品の値段は高止まりのままで依然取引されていた。そこで幕府は、寛政二年（一七九〇）二月に本格的な物価引下げ令の実施に乗り出すことになった。しかし、この政策は問屋・仲買のさまざまな形での抵抗や組織に属さない都市無株商人の成長などにより、幕府の思うような効果をあげることができなかった。これは、下肥値段についても同様であった。

二　小便溜桶の設置願い

天明四年（一七八四）四月、江戸周辺農村の農民たちによる江戸市中への小便溜桶設置願いに対して、江戸の南北年番名主たちは町方における支障の有無を調査した回答を町年寄の樽与左衛門へ提出した（『江戸町触集成』第八巻、第八九七二号）。

このとき、江戸の町々に小便溜桶を設置したいと町奉行所に願い出たのは、江戸東郊農村の武蔵国葛飾郡下今井村（現東京都江戸川区）の百姓与惣右衛門ら三人であった。かれらは江戸市中の往来道筋や裏店路次・橋詰・辻・土手附などに小便溜桶を設置し、溜桶から汲み取った小便を農村に運搬し下肥として利用しようとしていた。すでに小便溜桶が設置されている地域を除いて、江戸の町のなかで新たに小便溜桶の設置を希望する町や、小便所が設置されているにもかかわらず小便を下水などへ廃棄していた町を対象に、小便溜桶の設置を望む町にその交渉をしたいと願い出た。

かれらの小便溜桶の設置理由は、江戸の武家屋敷や町方屋敷における下掃除代が高騰しているなかで、江戸の町でその多くが廃棄されていた小便にねらいを絞ってこれを下肥として利用するために、小便所近くに溜桶を敷設して小便を回収したいというものであった。江戸周辺農村の農民たちにとって、江戸の町で排泄された小便は農耕肥料として貴重なものであり、江戸の各屋敷との契約による下掃除だけでなく、公衆トイレとしての小便溜桶の設置によって小便の回収を図ろうとしていた。

このため、町奉行は小便溜桶の設置による町方の支障有無の調査を町年寄の樽与左衛門に命じ、町年寄はその調査を南北年番名主たちに諮問し、その結果辛辣な回答が報告された。一つには小便溜桶の特性にかかわる問題として、糞尿と同様に不浄・目障り・臭穢であるという指摘と、それにかかわって土地の評価が下がるという指摘である。二つ目としては日常生活にかかわる問題として通行上や商品仕分けや販売といった商売上の影響、三つ目としてはすでに各自には雪隠や下水があるので小便溜桶は不要であるという指摘、四つ目としては年月が経つと願い人たちがわがままになるのではないかという下掃除人への疑念である。このように、町人たちにとっての小便溜桶設置に対する認識は大変きびしいものであった。

しかし、一口に江戸の町といっても、そのすべての町々が小便溜桶の設置に反対していたわけではなく、その設置を希望する町もあるということで、それらを三つに分類して報告することにした。その内容は、表13に示したとおりである。

表13　天明年間における小便溜桶設置についての回答

小便溜桶既設の町々	小網町三丁目、両国広小路、下柳原同朋町、馬喰町四丁目、須田町二丁目、浅草新旅籠町、下谷町一丁目、下谷町二丁目、下谷車坂町、本所緑町四丁目、本所緑町五丁目、本所菊川町、本所柳原三丁目、江戸橋広小路、勘左衛門屋敷、本八丁堀三丁目、本八丁堀四丁目、本八丁堀五丁目、岡崎町、本湊町、南八丁堀三丁目、東湊町一丁目、深川町々之内　160カ所程
小便溜桶設置不要の町々	山谷浅草町、浅草橋場町、下谷三之輪町、下谷龍泉寺町、下谷薬王寺町、下谷新石町、高輪北町、番外品川組　8カ所
小便溜桶設置希望の町々	本所新町、本所吉岡町、本所清水町、本所三笠町、本所新坂町、本所長崎町、本所吉田町、本所入江町、本所永倉町、本所時鐘屋敷、本所弥勒寺門前、深川八幡旅所門前　12カ所

（註）天明4年（1784）4月「江戸町々への小便溜桶設置願」（近世史料研究会編『江戸町触集成』第8巻）より作成。

一つは、すでに小便溜桶が設置されていて小便の回収がおこなわれている地域であり、これまでに小便溜桶が設置されていた場所は江戸の町の一六〇カ所余りにおよんでいた。全体として、江戸の東部一帯の町々に多く存在し、北部や西部一帯には少なかった。これは、盛り場が江戸東部に圧倒的に多く、それだけ小便溜桶の設置が必要であったということであろう。またこの東部一帯には、河川や堀が縦横無尽に張り巡らされていて、下肥の輸送が容易であることもかかわっていたように思われる。

二つ目は、町人でありながら畑をもっている者たちが小便溜桶を設置して小便を回収している地域で、これは江戸東部の浅草・下谷や南部の高輪・品川が書き上げられていた。三つ目は小便溜桶の設置を望んでいた地域で、深川・本所地域に集中していた。ここには、明暦の大火以降、強制移転によって成立した町が多く、盛り場の隆盛とともに小便溜桶も必要になったということであろう。

このように、天明期には江戸の町の一六〇カ所余りに小便溜桶が設置されていたものの、江戸町人たちの評価はきびしいものであった。しかし、小便溜桶は江戸周辺の農民たちや江戸の町を往来する利用者たちにとっては必要不可欠なものであり、少しずつではあるが増えていくことになった。このため、小便溜桶の設置を歓迎する町々に埋設されていき、江戸の町から排泄された小便も江戸周辺農村に移送して下肥として利用されるようになっていった。

この背景には下肥の高騰があり、小便でさえも下肥として利用することが必然化されたのである。このため、江戸の町の個別屋敷から糞尿を汲み取るだけでなく、公衆トイレとしての小便溜桶や惣雪隠を積極的に設置して糞尿＝下肥を回収し、これを江戸周辺農村の穀物・蔬菜の肥料として投入することで、その生産を拡大させていった。こうした江戸から周辺農村への下肥移送の地域システムは、下肥の商品化により発達し、公衆トイレ経営に乗り出す者たちをも生成していったのである。

三　小便汲み取りの渡世とその維持

寛政期以後、下肥値段の値上がりとともに、溜桶の地下埋設による小便所の設置が加速化していった。享和元年（一八〇一）十一月四日、神田小柳町二丁目（現千代田区神田須田町）弥助店の店借文助と、橋本町四丁目（現千代田区東神田）善右衛門店の店借藤兵衛の代理人の次兵衛の二人が、町奉行所に江戸町々への小便溜桶の設置と小便の運搬を担当する棒手土商人たち用の無料休息所の設置を願い出た（『江戸町触集成』第十巻、第一〇九九六号）。これに対して、町奉行所は町年寄の樽役所を通じて、二人に小便所の設置方法について問い合わせをおこない、その返答が寄せられた。

まず小便所の設置場所については、町々の迷惑にならない場所を優先し、木戸際や空地前の場所、あるいは湯屋の地先ではない場所を見つけて、それぞれの町役人に掛け合うことにした。そして、表通り・裏通りに関係なく、小便を溜める受け皿としての壺承《こしょう》（史料では「承壺」となっている）を設置できる場所があるかどうかの見当をつけて、それぞれの家主・町役人らに交渉し、その指示に従って小便所を設置しようという心積もりであった。また江戸は往来の通行が多く、場所によっては設置状況が異なるので、図24や図25のように大小便所と小便を溜める壺承とをつなぐ樋《とい》も大小にするなどの工夫を凝らして取り付けることにした。またその壺承には油樽や土壺を用い、その蓋《ふた》は松の厚い板で作り、その半分は釘で閉じ、半分は開けられるよう割蓋にすることにした。とくに、樽や樋から小便が洩れ、下水に流れ込まないように設置する必要があったのである。

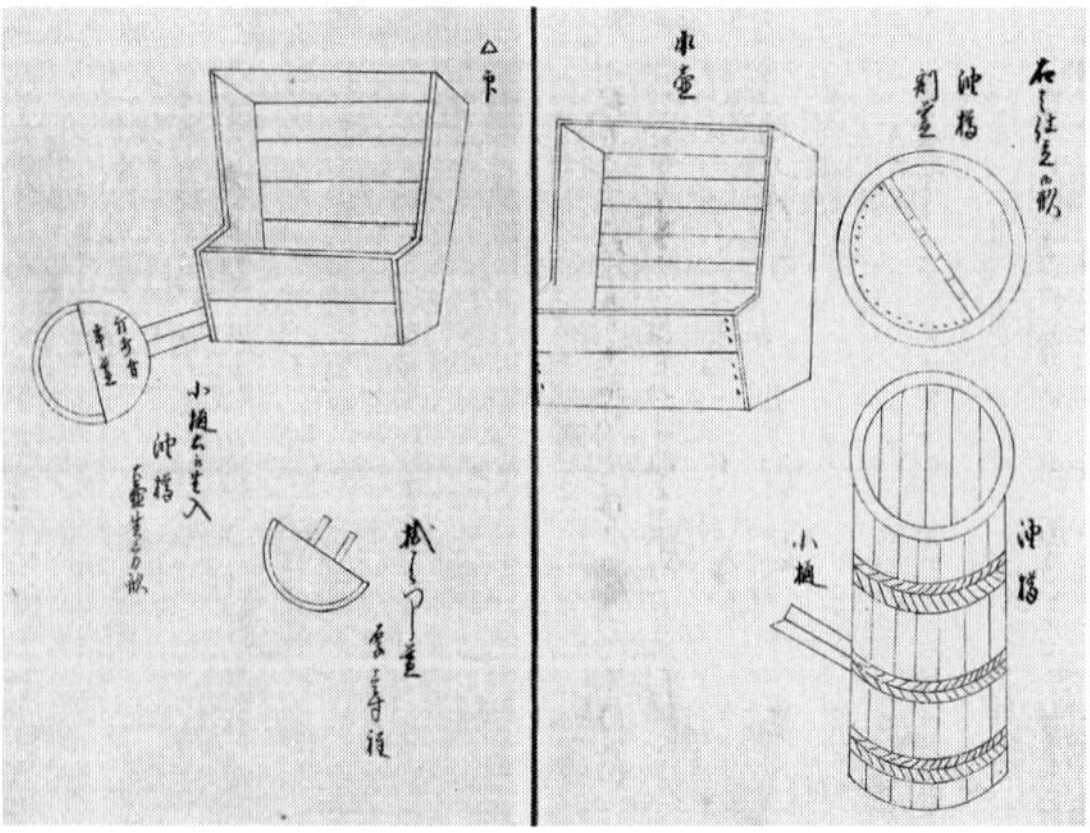

図 24　小便溜桶の構造(1)「類集撰要四拾七」
（国立国会図書館デジタルコレクション）

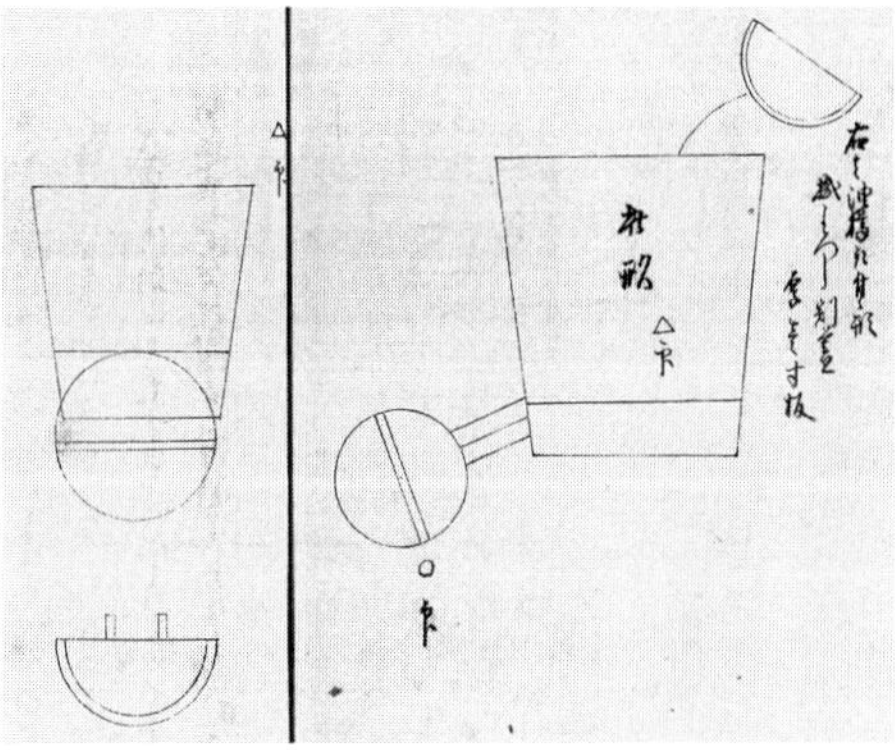

図 25　小便溜桶の構造 (2)「類集撰要四拾七」
（国立国会図書館デジタルコレクション）

小便溜桶から汲み取った糞尿の運搬は、武蔵国葛飾郡西葛西領砂村八郎右衛門新田（現東京都江東区）名主喜右衛門支配の百姓勘右衛門・庄八・八右衛門、同郡西葛西領亀戸村（現東京都江東区・墨田区）名主治郎助支配の百姓半右衛門らに引き受けてもらい、その者たちを通して諸地域へ販売する手はずであった。そして、小便溜桶の設置完了後は見廻りの者たちを巡廻させて、その管理を徹底させるためにそれぞれ持ち場を決めることにしていた。同時に、下掃除人も明確にし、蓋や壺承が損傷した場合にはすぐに対応できるように配慮していた。

さらに、棒手土商人たちの無料休息所は、間口二間半（約二・七メートル）・奥行四間（約七・二八メートル）の一〇坪（約三三平方メートル）程度の広さを予定し、当時すでに一〇カ所ほどの建物を借りていた。そして、各休息所には男性一人を配置し、土間には腰掛けを用意して湯茶を提供する手はずであった。その営業時間は午前八時から午後四時までとし、夜間営業はしないということも決めていた。なお、この一〇カ所の無料休息所の維持費用として年間金五〇〇両の経費がかかると見積もられていたが、願書提出の二人が維持費用を負担して運営していくという構想であった。

四　小便溜桶設置と町奉行所の対応

ところが、小便溜桶設置願いに対する町奉行所の返答はすぐにはなく、二年後の享和三年（一八〇三）九月二十二日になって回答してきた。その結果は、棒手士商人たちの無料休息所の設置を認めず、小便溜桶の設置のみを許可するとのことであった。これにより、町奉行所は二人が申請した江戸町々への小便溜桶の設置について許可することを江戸の年番名主たちに申し渡していた（『江戸町触集成』第十一巻、第一一二〇四号）。

そもそも小便溜桶設置の目的は、江戸町々の一部に小便所はあるものの、これまではその小便を下水などに流し捨ててきたものを溜桶の設置によって回収し、それを農耕肥料に役立てようとするものであった。これによって、申請者たちは都市衛生の改善を図るとともに、小便の汲み取り・売却によって利益を生み出そうと考えていたのである。

このなかで、町奉行所は認可のための手続きとして町人たちから提出された願書を吟味し、構造的に問題がないことを確認し、小便溜桶の設置を認めることにした。今後、申請者たちが江戸の各町と小便溜桶の設置交渉にあたっては、申請者と町方とがよく相談して納得し合い、何ら問題が生じないようにすることを求めていた。そのなかにあって、将軍御成の道路だけはその通行への支障を考慮して小便溜桶の設置を認めないことを決定していた。この判断の前提には、「右躰之溜桶伏置候而は不浄ニ有之、万一御目障ニも相成可申哉」（『江戸町触集成』第八巻、第八九七二号）という認識、つまり将軍の御成道では「不浄」と「目障」という面で問題となる小便溜桶の設置を排除しようとする意識が根強く残っていたのである。

この認可を受けて、江戸町人の申請者たちは小便溜桶の設置場所の候補を決めて町々に交渉していくことになった。その際、申請者たちは小便溜桶の構造に関して地下に埋設した樽に小便を流し入れられるようにするとともに、往来する人々が小便の汲み取り口に接触して怪我をしないように厚い板で蓋をすることで了承を得ようとしていた。こうして、その設置に際しては機能性と安全性とに配慮しながら、溜桶となる樽を埋設することとし、いっぽうでその小便の汲み取りと運搬を江戸周辺農村の農民たちに引き受けてもらう方向で話を進めていたのである。

これにより、町奉行所はまもなく申請者たちが各町に交渉に赴くので、各町の名主が事前に家主たちにしっかりと事情を話しておくように申し渡していた。このなかで興味を引くのは、穀物や蔬菜などの「作方之義は為人民重キ事ニ有之候、肥シハ作方第一之手当ニ候得は、世上之ためニ候間、致勘弁可申」（『江戸町触集成』第十一巻、第一一二〇四号）という一文である。つまり、町奉行所は食料の確保という観点から作物の生産が人々の暮らしにとってきわめて重要なものであること、とくに作物の栽培には肥料が欠かせないこと、その肥料確保のための小便溜桶の設置は江戸の住人たちにとって不都合な面もあるが、世の中のためにもなるものであるからその設置を「勘弁」してあげなさいと町々に申し聞かせていた点である。「勘弁」とは他人の過失や罪・咎を許すことである。ここでは、町奉行所が町人たちから苦情や不満の多い小便溜桶の設置を、小便の農耕肥料としての重要性から許してあげるようにという論理で支援していたのである。

また文助の小便所の汲み取り渡世にかかわって、嘉永六年（一八五三）三月二十九日、先代の文助が忠三郎と改名したことにより、その実弟の弥三郎が文助の名義を譲り受けて小便溜桶の汲み取り渡世を引き継ぐことになった。このため、そのことを町々に沙汰してほしいと町年寄の樽役所に願い出た（『大日本近世史料　諸問屋再興調』三）。その理由は、享和元年（一八〇一）初代文助が、小便溜桶の設置を願い出、同三年にはそれが許可されたが、その子孫は代替わりごとに町奉行所に届書を提出して小便溜桶汲み取り渡世を相続してきた。その後、五代目の文助が忠三郎と改名したため、一年前にその実弟である弥三郎が文助の名義を受け継いで汲み取り渡世を相続することが町奉行所より許可されていた。

ところが、初代文助のころからすれば五十年の歳月が流れ、とくに天保十二年（一八四一）から十三年にかけての株仲間解散令の発令に伴い、小便汲み取りの商売が自由にできるようになってしまった。このため、かつて小便溜桶を設置していた町々にその汲み取りの継続を申し出ても納得してもらえず、なかにはこれまで小便を汲み取ってきた経緯に疑問を投げかける町もあり、小便汲み取り渡世の継続がうまくいかなくなってしまった。そこで、文助の名義を受け継いだ弥三郎は、町奉行所から町々に小便汲み取り継続の沙汰をしてもらえないかと願い出たのである。

しかし、幕府は天保改革における株仲間解散令の発令による流通の混乱などを理由に、一転、嘉永四年（一八五一）には商売への加入自由を条件に株仲間を再興させることになった。この一件には、幕府自体が物価問題を解決することなく、株仲間の解散から再興へと方針転換したことによって、流通機構上の混乱を引き起こしていたことも関連していたとみられる。

このため、同年十月、町年寄の樽藤左衛門は、弥三郎らの小便溜桶汲み取りの再沙汰願いの可否について取り調べた結果を、南町奉行所に提出した（『大日本近世史料　市中取締類集』三）。享和期の段階から小便溜桶の設置やその汲み取りは各町と汲み取り人との交渉によって決まるものであり、その決定を町々に沙汰した前例はなかった。このため、町年寄の樽屋は嘉永四年（一八五一）に株仲間再興令が出たばかりで町々に小便汲み取り人についての沙汰をしたならば、株仲間の結成を認めたと勘違いされる可能性があり、その決定は小便汲み取り人のみに沙汰したほうがよいのではないかと町奉行所へ申し立てたのである。

なお、その当初、町方が弥三郎（文助と名義変更）に小便の汲み取りを認めることができなかったのは、文助家が設置した小便溜桶の小便を葛西領砂村新田（現東京都江東区）の百姓文右衛門が横取りして汲み取っていたからであった。なぜそのようなことになったのかといえば、ときどき文助が小便の汲み取りを遅延することがあり、加えて下掃除代金が安すぎたこともあって、高額な下掃除代金を支払ってくれる文右衛門に汲み取らせることになったようである。

　このなかで、樽屋は調査の結果、願書の申請者たちが多額の金銭をかけて町々に小便溜桶を設置したにもかかわらず、その小便溜桶の小便を他人に奪い取られるということはよくないことだと認識していた。しかし、幕府が株仲間再興令を発令した時節でもあり、また町奉行所が下掃除の問題に介入したと勘違いされても困るとの判断から、町々に沙汰をするのではなく、小便汲み取り人のみにその決定を知らせることを上申したのである。

　この調査報告を受けて、町奉行所市中取締掛は町年寄の樽屋に、「書面小便溜汲取人共願之趣、樽藤左衛門取調申上候通、不被及御沙汰旨被仰渡可然哉ニ奉存候」（『大日本近世史料　市中取締類集』三）とあるように、申請者たちが望んだ町奉行所から町々への小便汲み取りの沙汰はしないと決定したことが報告された。これを受けて、同月、南町奉行所市中取締掛は申請者たちに「書面小便溜汲取人共願之趣、御向方類役申上候通、不被及御沙汰旨、町年寄へ被仰渡可然哉ニ奉存候」（『大日本近世史料　市中取締類集』三）とあるように、町奉行所から町々へ小便汲み取り人の連絡はしないとの回答を通達したのである。

　このように、町奉行所は小便溜桶の設置の意向は聞き置くけれども、それを設置し小便の汲み取りについては設置者と町方との合意によって決まるものであり、この契約には介入しない姿勢を打ち出したのである。このため、たとえ小便溜桶の設置者がその小便の汲み取り業務を他人に奪われようとも、町奉行所は双方の契約上の揉め事に介入しない姿勢を貫くことにしたのである。

五　公衆トイレの経営と管理

寛政期（一七八九～一八〇一）に入っても、公衆トイレとしての小便溜桶の設置を願い出る者たちが相次いだ。寛政元年（一七八九）閏六月六日、浅草寺地中延命院地借の善右衛門と浅草寺地中自性院地借の兵蔵の二人が小便溜桶の設置を町奉行に願い出た（『江戸町触集成』第八巻、九四六四号）。江戸の町人二人が小便溜桶の設置を願い出たのは、市中の人々が往来での小便について「唯今迄猥ニ仕来候」という実情があったため、往来の道路が「不浄」で、かつ「見苦敷」状況であったという認識があったからである。そこで、かれらは溜桶を埋設した小便所を設置し、その小便を江戸周辺農村に運搬し、江戸の往来道筋を清潔にして視覚的にも見栄えをよくしようとしていたのである。

いっぽうで、江戸周辺農村の農業事情に目を向ければ、このところ諸作物の不作が続いていた。その原因は、不漁によって肥料としての干鰯が減少し、それに伴って糠《ぬか》や下肥が高騰したことにより、それらを田畑の肥料として投入できないため諸作物の収穫量が減ってしまっていたのである。このため、かれらは江戸の町の木戸際や空地に小便所の設置場所を見つけて各町の許可を得、醤油樽や酒樽などの溜桶を埋設することで小便を回収し、加えて都市衛生を改善しようとしていた。こうして、溜桶の小便を汲み取って、江戸周辺農村に運搬して農作物の肥料として利用することで、干鰯や糠の値下げにも貢献できるのではないかと考えていた。

このように、江戸の町における「公衆トイレ」としての小便溜桶の設置は、江戸周辺の農民ばかりでなく、江戸の町人によっても担われるようになったのである。この背景には、江戸の町に小便溜桶を設置してその小便を周辺農村に売却すれば稼ぎ仕事になることや、都市の衛生に貢献できることなどのメリットがあったのではないかとみられる。

いっぽうで、寛政期には江戸の下掃除に大きな変化が生じた。それは、下掃除代の異常なほどの高騰であった。寛政二年（一七九〇）三月、江戸周辺農村八七四カ村がまとまって「差上申規定証文之事」（『江戸町触集成』第九巻、第九六四二号）を協議して作成した。寛政期に入ると下肥値段がますます高騰して、いろいろな作物を栽培しても販売代金と引き合わず農民たちが困窮してきたので、江戸周辺の村々が結束して延享・寛延期（一七四四〜一七五一）の下肥値段に戻せるように対処することを申し合わせることにしたのである。

なぜ延享・寛延期の下肥価格に戻したいのかといえば、その時代、下肥価格が農業経営を圧迫するようなことはなく、順調に農業経営を維持できたという思いがあったからである。このため、町奉行所から江戸の町々に下肥価格の引き下げを命じる法令を流してくれるよう要請した。しかし、下肥の取引というのは江戸の各屋敷と農民との個別契約によって値段が決まるものなので、一斉に法令を触れても簡単に解決できるものではないと諭されて納得し、村々で「規定証文」を結んで対応することにしたのである。

ここには、近年の下肥値段が高騰してきた実態を、つぎのように述べている。武家屋敷の場合下肥値段はそれまで金二〇両位を支払っていた場所でも最近では金六、七〇両に値上がりし、また町人屋敷の場合もこれまで金一〇両ぐらいを払ってきた場所でも、最近では三、四〇両に高騰してしまったという。とはいえ、場所によっては武家屋敷・町人屋敷ともに享保期（一七一六～一七三六）の下肥値段のままで取引きしているところ、また昔からの仕来りで無料なところ、さらにわずかな物品を渡して下掃除をしているところなど、下肥取引はそれぞれの習慣や契約によってまちまちであった。このため、延享・寛延期の下肥価格を目安に、農民たちは当時の値段に引き下げてくれるよう武家・町人の屋敷ごとに個別交渉していくことになったのである。

しかし、農民たちのなかには下肥を大量に入手しようとするあまり、他村の者の下掃除先の掃除代よりも高額な値段で契約してしまう者もあり、これを禁止する動きもみられた。このため、他村の者の下掃除場所を糶り取って契約をした者がいた場合には、その場所を元の下掃除人に返却することとし、さらにその違反者には制裁の意味を込めて過怠金として銭五貫文を徴収し、その金銭はそうした揉め事の際の費用に充当することを決めたのである。

ところで、小便のみならず、江戸の町から排泄された糞尿は、江戸周辺の村々にとって田畑の肥料としてきわめて重要なものであった。これまで小便所が設置されていても、その小便を河川や下水に流していたこともあり、これは都市衛生の面からも解決すべき問題であった。江戸の町に設置された公衆トイレとしての小便溜桶や惣雪隠の管理をめぐる新たな動きもみられた。

天保十四年（一八四三）三月、勘定奉行の梶野良材《よしき》は幕府代官が支配していた江戸周辺の葛西領本所新田南組二十四カ村の小前惣代二人から江戸の町々に設置した小便所の下掃除をその町方に請負ってほしい（「所直請」という）と要請された（「諸色調類集」十七巻十ノ五十七、国立国会図書館デジタルコレクション）。しかし、勘定奉行は町方の支配に関与できないため、町奉行にその対応を依頼していたが、町奉行からの返答はなかなかなかった。そうしているうちに、農民側は春の農耕開始にあたり下肥が必要なため、勘定奉行に再び町方への打診を督促してきた。このため、勘定奉行は再び町奉行に町方への打診を要請していた。江戸周辺の農民たちは江戸の下肥を回収するため町々に小便所を設置していたが、たびたび江戸に出向いて下肥を回収する労力を削減するため、町方に下請させて下掃除をおこなおうとしていた。この結果は不明であるが、農民たちは下肥回収の合理化の方途を模索していたのである。

六　公衆トイレの大規模経営

幕末になっても、江戸の町では公衆トイレ設置願いが出され、かつて見られなかった大規模な公衆トイレ設置構想が申請されていた。小網町三丁目（現東京都中央区）の家主周蔵と、長浜町二丁目（現東京都中央区）の栄吉地借平左衛門の二人が願い出たものであったが、文久元年（一八六一）六月二十六日、町奉行所市中取締掛から命じられた小口世話懸は公衆トイレ設置の支障の有無を報告するよう町々に通達を出していた（『江戸町触集成』第十八巻、第一六六〇三号）。

申請者の二人はすでに家主によって管理されているトイレを除いて、江戸の町の御成道筋、御堀端通り、横町、新道、四ツ辻、両国広小路、広場、高輪通り、大川通り、入川・入堀の橋際・橋台・河岸通り、蔵前通り、柳原土手、寺社門前明地などへ、二疋立（一棟二戸）の惣雪隠一、五〇〇カ所、小便所五、〇〇〇カ所を設置し、またそれらのトイレを管理するための会所八カ所を建築して、それらを一手に管理する計画を立てた。そして、これらのトイレから汲み取った糞尿は江戸周辺の農民たちに売却し、その収入でトイレや会所などの施設の維持費用や諸雑費を捻出し、さらに幕府に毎年冥加金一、〇〇〇両ずつを上納するという構想であった。

町奉行所市中取締掛から命じられた小口世話懸は、それらのトイレの設置に伴う町々への支障の有無を取り調べることになった。このなかで、同年七月、この通達を受けた葺手町（現東京都港区）名主の九左衛門は、「雪隠・小便処之義、委細御達之趣を以差障有無御調候処、私支配町々御成御道筋等を相除、差向右便所取建候場所無御座候」（『江戸町触集成』第十八巻、第一六六〇三号）とあるように、御成道筋を除いて、公衆トイレを設置する場所はないと回答していた。町々からの回答の内容は芳しくなかったようで、この構想に対する町奉行所の返答はしばらくなかった。

ところが、慶応三年（一八六七）七月二十七日、小口世話懸から申請者の周蔵が前年に病死したため、子息の愛次郎がその十一月に設置願いを取り下げ、その後、愛次郎は周蔵と改名して、もう一人とともに同様の願いを申請してきた（『江戸町触集成』第十八巻、第一七二〇九号）。その計画は従来のものと異なり、それまでは惣雪隠と小便所との両方の計画であったが、今回は小便所だけの設置計画であり、小便を農民らに売却した収益でトイレや会所などを運営し、幕府への冥加金上納については従来と同じ考えであった。

これにより、小口世話懸は改めて町年寄の樽屋から町々の支障有無の調査を命じられ、期限付きで各町での取調べ結果を回答するよう通達された。幕末期の混乱のなかで、この申請に対する町奉行所からの返答がどのようなものであったのかは不明であり、明治新政府に引き継がれたのかどうかも判然としない。ただし、社会の大きな変革期であっても、江戸の町々に公衆トイレを設置して経営したいという者たちが存在したことは、都市衛生や周辺農村との物質循環の観点からも重要であるといえよう。

七　近代東京の公衆トイレ

慶応四年（一八六八）七月に江戸が東京と改称され、翌八月に明治天皇の即位の礼が執り行われた。その九月に明治と改元され、同年十月に天皇が東京に入ったが、十二月に京都に還幸した。そして、明治二年（一八六九）三月に天皇が再び東京に移り、政府も京都から東京に移された。まさしく東京が首都となったのである。

この流れのなかで、明治新政権は中央集権・三権分立主義・議事制度・官吏公選制の採用を明らかにし、官制改革を実施していった。明治二年六月の版籍奉還によって国内の土地と人民は明治政府の所管となり、同四年七月には廃藩置県によって中央管下の府県に一元化された。こうした中央集権化により、明治政府は国の方針を全国各地にまで伝えやすくなり、政策を進めることが容易にできるようになった。

このなかにあって、当初、江戸は東征軍の軍政下に置かれ、慶応四年五月に江戸府と江戸鎮台を設置するとともに、町奉行所を廃してその管轄地を所管する市政裁判所を設けた。同年七月に江戸が東京に改称されたことに伴い、江戸府は東京府に、江戸鎮台は鎮将府に改称された。同年八月には東京府庁が開庁し、翌九月に東京府職制が公布され、その事務が市政裁判所から府へ移管された。

明治二年三月、朱引き内町地の人口一万人を基準に区分けをおこなって番組と名づけ、市街地に五〇の番組を置いた。また同四年四月には、四ないし五カ旧町または七ないし八カ旧村を一つの区として区分けをおこない、番組を廃止した。その後、廃藩置県によって東京府はいったん廃止されたが、明治四年十二月に武蔵国荏原郡と豊島郡、多摩郡・足立郡・葛飾郡のそれぞれ一部を管轄区域とする東京府が改めて設置されたが、多摩郡には外国人の遊歩区域が含まれていたため、同五年十一月に神奈川県の管轄となった。同五年一月八日には旧来の東京府の区域に六つの大区と九七の小区を置き、大区小区制が敷かれた。同十一年十一月には郡区町村編制法の施行により大区小区制を廃止し、旧府域に一五区を置くことになった。

明治の世となっても、その当初は江戸時代と何も変わらない公衆トイレ設置の手続きが開庁した東京府役所のもとでおこなわれていた。明治二年（一八六九）十月、神田佐久間町一丁目（現東京都千代田区）と浅草瓦町（現東京都台東区）の町人二人、それに小菅県支配所の武蔵国葛飾郡西一之江・新堀両村（ともに現東京都江戸川区）の農民三人から、東京市中の往来に小便所を設置しその小便を田畑の下肥として利用したいという願書が東京府に提出された。

これに対し、東京府は「田畑養之ため府下小便所補理置、往還下水等え往来人廃流し便水汲取候段、仕法書ヲ以願出候ニ付相糺候処、不都合之義も無之、故障之筋も不相聞間、願之通申付ル」（『東京市史稿』市街篇第五十一）とあって、検討した結果何ら問題もないので許可することにした。しかし、「御道筋相成候往還筋」や「外国人居留地」・「武家屋敷町」は除外するように申し渡されていた。ここに登場する農民は小菅県管下の者たちで、東京市中に小便所を設置したいということであり、東京市中の町人はその下請となって小便を汲み取る者たちであった。

いっぽう、翌三年四月、地方五番組の亀戸村（現東京都江東区・墨田区）ほか二七カ村の惣代たち（申請者と略す）は、自分たちが東京市中に設置した小便所の小便が他の者たちに勝手に汲み取られているとして、東京府郡政役所に嘆願書を提出した。申請者はこれまで江戸町々の町役人と交渉し、自前で小便を溜める樋箱を伏せて、その小便を汲み取って田畑の肥料としてきた。勝手に汲み取っていた者たちとは、前年に東京府の許可を得て小便を汲み取っていた武蔵国葛飾郡新堀村（現東京都江戸川区）の農民（相手方と略す）と、その下請となっていた東京市中の町人たちであった。

その真相は、相手方が申請者の設置した小便所の樋箱に相手方の焼き印を押して自分たちのものとし、あるいはすでに設置されている小便樋箱の脇に新しく樋箱を伏せたりしていたことであった。そこで、申請者は相手方にその事情を問いただしたところ、相手方は東京府から許可を得てやっていることなので、以前から小便を汲み取っていた申請者の農家が困っているかどうかは知ったことではないと返答してきた。このため、申請者は小菅県管下の村々（相手方）にではなく、自分たちに東京府下の町々に樋箱付き小便所の設置を認めてほしいと願い出たのである。

これにより、東京府は両者を呼び出し、その吟味をおこなった。両者の相談の結果、申請者が設置した小便所についてはその樋箱代金を相手方が支払い、相手方が新規に設置した小便所は相手方の下請の者が管理し、まったく問題のない場所については両者が相互に樋箱付きの小便所を設置するということで示談が成立した。これにより、明治三年（一八七〇）七月二十四日、両者は連印のうえ東京府に円満解決したとの請書を提出していた。

この一件では、新しい地方制度のもとで、申請者は「東京外之知県事御支配在中え而已被汲取候筋ニ至り、畑仕附肥不足ニ相成候而ハ作付不相成」（『東京市史稿』市街篇第五十一）と東京府以外の他県の者に東京市中の小便所の小便を汲み取らせていたので、東京府下の自分たちは下肥が不足すると作付けができないと訴えており、いっぽうで「大小便之義ハ、乍恐市中町人共入用之品と申ニハ無御座、町人共義ハ農民之実事不相解、右御請負被仰付自儘之利易も相附可申哉、自然私欲ニ拘り候様成行可申と奉存候」（前出同書）とあるように、農業の実態を理解していない東京市中町人の小便汲み取り下請人への不信感についても述べていた。

明治四年（一八七一）三月、小菅県管下の武蔵国葛飾郡新堀村（現東京都江戸川区）と西一之江村（現東京都江戸川区）の農民五人は、東京市中における下掃除に際して下肥前渡し金から時価相場の金額を差し引いて勘定することを布告で通達してほしいと、東京府に願い出た。つまり、農民たちは下掃除場所と前渡し金の残金返還とを布告によって保障してほしいというものであった。この背景には下肥の不足があり、当時、「東京人員減少ニ随ひ下糞不足仕候より相互ニ糶《せり》買仕候」とあるように、東京の人口は江戸幕府の崩壊によって減少し、それに伴い下肥が明らかに不足し、糶り買いが横行していた。このため、農民たちは下肥の調達がむずかしくなり、土地を質入れして下肥購入代金を調達し、前々から汲み取らせてもらっていた家主に交渉し、三カ年とか、五カ年、あるいはそれ以上の年限の契約をするために、下肥代金の前渡しをおこなうようになった。

ところが、明治三（一八七〇）年十一月、家主（家守《やもり》）の制度が廃止となって地面差配《さはい》人と改称された。これにより、地主たちの多くはそれまで家主が農民と取り結んでいた下掃除の契約を維持できなくなっていた。このため、従来からの前渡し金受け渡しの慣行によって家主が下掃除人から受け取っていた前渡し金を地主自らが弁償することに難色を示していたのである。それまで長屋の下掃除代は家主の収入となっており、地主はまったく関与していなかった。下掃除人の農民たちからすれば、このままでは下掃除に伴う前渡し金を回収できないばかりか、下掃除場所を失ってしまう可能性すらあった。

そこで、農民たちは「五ケ年分前金相渡候分ハ自今時之相場ヲ以酌取候糞代ト差引、拾ケ年割済之勘定ヲ以相償呉候様御布告被成下度」ということと、これも聞き入れてもらえない場合は前渡し金弁償の件はひとまず置くにしても「以来は余人え糞不酌取、仕切金相渡し候銘々え時之相場ヲ以酌取候様被仰渡被下度」ということを願い出たのである（『東京市史稿』市街篇第五十一）。つまり、下掃除代は前渡し金から時価相場金額を差し引いて勘定することを布告により触れてもらうか、あるいはこれが無理であれば従前の下掃除人以外の人に長屋の下掃除をさせず、前渡し金を支払っている場所は時価の下掃除代で汲み取らせることを命じてほしいと願い出たのであった。

この農民たちの嘆願に対して、明治四年三月、東京府は小菅県へ「素々相対示談之上ニ生し候事ニ候へは、改而官より布告等可致義ニも至り兼候間、右ハ町々年寄共ニ而取調、夫々至当之取扱可致旨兼而申渡有之義ニ付、いづれニも示談之掛合および候様説諭いたし候」とあるように、下掃除はもともと下掃除人と下掃除先との個別契約であり、そのことを役所が改めて布告する必要はなく、町々の年寄たちが対応すべきもので、最終的には当人同士の交渉で決めるように説得し、ひとまず帰村させることにしたと回答していた。この下掃除代の受け取りをめぐっては、その後も尾を引くことになった。

明治四年（一八七一）九月、それまで宮中の下掃除は三河町三丁目（現東京都千代田区）の東風善次郎の一手引き受けであったが、今後は東京府・品川県・小菅県管下で下肥の確保が困難な村々に引き受けさせることが宮内省より通達された。このなかで、東京府は下肥に困っている村々はなく、また下肥の運搬が不便との理由により願い出た村々はまったくなかったと報告していた（『東京市史稿』市街篇第五十二）。

また明治五年一月、東京府は下掃除人が運搬に際して用いている糞桶に蓋《ふた》がない場合市中の歩行を禁じ、今後は糞桶の蓋をつくって臭気がもれないように密閉せよとの通達を出した。それは、「不潔ノ風習」を改めるためであり、とくに「府下ノ儀ハ、皇居ノアル所」（『東京市史稿』市街篇第五十二）でもあり、そうした風習が周囲に影響を与えるので改めることにしたのである。ということは、江戸時代を含めてそれまでは下肥運搬用の糞桶に蓋がなかったようであり、巨大都市において臭気漂う状況は慣習的に受け入れられていたのである。しかし、東京府内に皇居が位置づいたことで、首都としての品格を保つために公衆衛生的措置が講じられ、その近代化が模索されていたのである。

明治六年（一八七三）一月になると、司法省警保寮は東京府に公衆トイレとしての「街便所」の清掃について指示を出した。この警保寮は、司法省のもとに明治五年八月に新設された警察組織である。この文書によれば、府下の「街便所」の清掃が行き届かず、「徒《いたずら》ニ踏石上ニ大小ヲ便シ候者有之、今日ニ至リ甚不潔ニ相成候趣」（『東京市史稿』市街篇第五十四）なので、邏卒《らそつ》（警察官）が巡回して注意を促すように通達した。これにより、一つの町ごとに毎朝、町用掛が町内を見回り、不潔な便所があった場合はすぐに清掃させることを取り計らうことになった。こうして、不潔な「街便所」の清掃が重要な課題になっており、邏卒と町用掛とが共同して都市の公衆衛生にかかわるようになったのである。

なお、この頃の公衆トイレは、「街便所」のほか、「町々便所」「市街便所」「街頭便所」「路傍《ろぼう》便所」「小便所」「大便所」「便水所」などさまざまな名称で呼ばれており、一定した呼称はなかった。同年三月には、各大区の当番世話掛より「大便所」の増設についての通達があり、「在来之小便処ヲ大便所ニ直シ、右へ葺おろし抔ニテ小便所ヲ取設候場所ハ、其趣ヲ箇所書之脇へ御記可被成候」（『東京市史稿』市街篇第五十四）とあるように、小便所を大便所に直し、その脇に葺き下ろしをつくって小便所を設置することが命じられていた。

その後も、トイレの臭気の問題や不潔是正への取り組みは継続された。明治六年五月、東京府知事の大久保一翁《いちおう》は「市街便所」の汲み取りが等閑になっているところがあって不潔であり、炎暑になると臭気が漂って大きな問題になるので、人家から離れて支障がない川や海、広野などを見計らって廃棄するように命じた。

また同年九月、各大区の戸長世話掛は警保寮出役からの問い合わせに対して、道路に設置されている「大小便所」の汲み取りについては掃除人を雇わないと掃除が行き届かないので、区入費を充てて処理すること。とくに、山の手など糞尿の運搬に困難な地域では金銭を出しても汲み取ってくれる人がいないので、便所の周囲や近傍の空地・開墾地などに大きな肥溜を伏せてその場所に仮置きしておくこと。いずれにしても、町用掛が日々巡回するだけでは無理なので、掃除人がいっそう掃除を徹底することを申し合わせ、古い習慣のままで改めようとしないのはいけないことだと回答していた

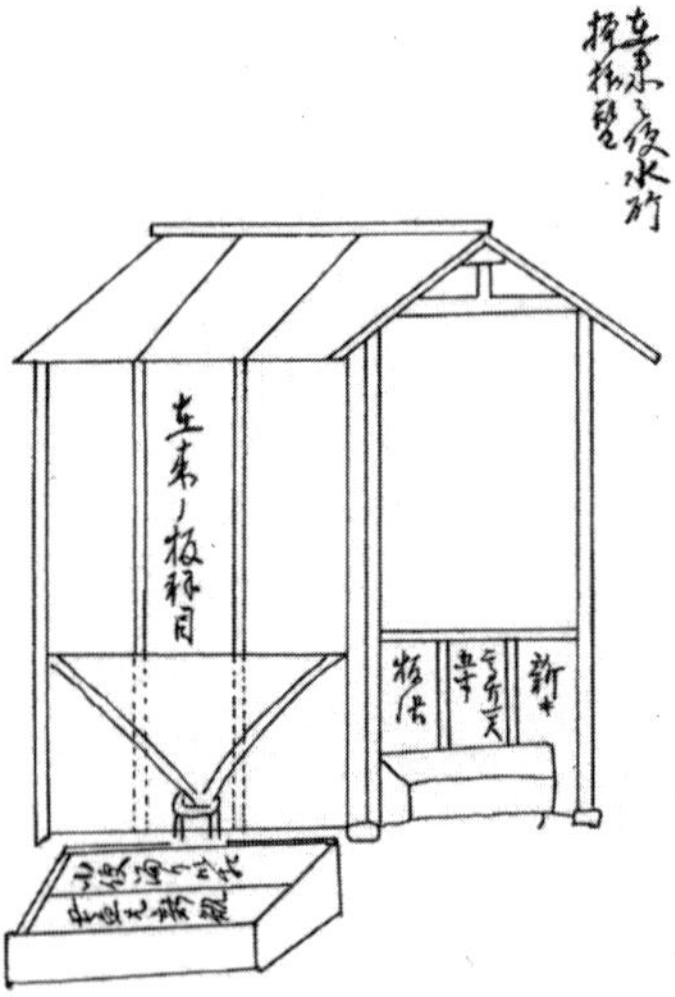

図 26　旧来便所の模様替え見本
（『東京市史稿』市街篇第五十六）

(『東京市史稿』市街篇第五十五)。

明治七年(一八七四)三月、各大区の区長がそうした問題を解消するため、従来の「市中便水所」を外国式の便所に改造し、その費用には区入費を充当するように命じた。そこで、試しに柳原土手跡に三カ所の外国式便所を設置してみたところ良好であったので、その模様替えの見本をつけて修理させることにした。なお、道路の幅が狭く、模様替えができない場所は旧来の便所の取り壊しを命じ、都合がよい場所に設置することを命じた。ここでは、図26に示したように、旧来の便所の模様替えの見本を示した。小便所には小便を溜める箱を設け、それに蓋を取り付ける形式であった(『東京市史稿』市街篇第五十六)。つまり、排泄された小便を箱内に密閉することで、臭気と不潔の問題とを解消しようとする構造であった。

このなかにあって、明治八年(一八七五)五月、埼玉県管下第二十三区の武蔵国足立郡上新田(現埼玉県鳩ケ谷市)の大熊紋蔵から、東京市庶務課に浅草公園地内の便所の下掃除を請け負いたいとの願い出があった。東京市は下掃除が戸長に委任されているとして、第五大区八小区戸長の柏木憙太郎にその許認可を委ねることとし、下掃除代金は臨時の区入費に充当してもよいと通達した。戸長は浅草公園地内における下掃除の実態調査をおこなった。その結果、別の出稼人が浅草寺元境内地内の二カ所の便所の下掃除をおこない、周辺道路の大小便所は大熊紋蔵が自費で修理し、その下掃除代金を浅草寺へ支払っていることが判明した。このため、戸長は、昨年十一月の承認後、道路の便所の下掃除については紋蔵に申し付け、公園地内二カ所の便所の下掃除については別の出稼人と交渉するように申し渡した。このように、公園地内の便所と道路の便水所とを区別し、道路の便水所の下掃除代金一カ月金二〇円、一カ年あたり金二四〇円を小区へ納めることになった。もし小区で臨時の出費があった場合、下掃除代金で充当することになっていた。また、このように区別したのは道路の便水所が不潔であった場合、その請負人を変更できるようにするためであった。

明治十年（一八七七）十月二十三日、東京警視本署は糞尿の汲み取りとその運搬についての禁止時間を府内に通達した。十月二十五日から午前八時から午後五時までは糞尿の汲み取りと運搬をしないようにとのことであった（『東京市史稿』市街篇第六十）。その後、糞尿の汲み取りと運搬はこの法令順守により実施されてきたが、同二十年七月、武蔵国荏原郡各町村（現東京都品川区・大田区）の総代からその時間の変更を要請する願書が東京府知事の高崎五六に提出された。

つまり、夏期の日の出前の糞尿汲み取りでは前夜から取り掛かっても村落からの往復時間を考えると翌日の昼前までかかってしまい、日没の汲み取りでは当日の昼後から深夜までかかり、冬の場合には道路が凍って車馬の通行が困難になっていた。このため、夏期は日の出後から午前九時まで、午後は四時からの汲み取り、冬期は衛生的な問題はないので期間制限なしでの汲み取りと運搬に変更してほしいというものであった。同年七月三十日、こうした要請は南足立郡長からも寄せられた。この要請を受けて、明治二十年（一八八七）から同二十一年にかけての東京地方衛生会（会長・府知事高崎

表14　東京市15区の街頭便所数と収入金高

区名	便所数	収入金高（円・銭）	支払方法	便所1カ所入費
麹町区	47	188円	通常は汲取人負担、臨時は区費	10円50銭
神田区	178	600円	汲取人負担	17円12銭7厘
日本橋区	250	1537円70銭	入札収入	20円
京橋区	153	571円42銭	汲取人負担	不詳
芝区	53	290円	入札収入と区費	25円
麻布区	18	40円	汲取人負担	不詳
赤坂区	7	13円12銭5厘	入札収入と旧協議費	10円29銭
四谷区	11	21円40銭	汲取人負担	4円90銭
牛込区	29	56円12銭5厘	入札収入と区費	5円
本郷区	30	161円	区費	15円
小石川区	31	5円	汲取人負担、金20円を学校に寄付	9円88銭
下谷区	52	227円	入札収入と区費（大小便所23・小便所29）	17円12銭7厘
浅草区	122	766円94銭	区費	18円
本所区	163	708円	収入金（大小便所48・小便所115）	20円
深川区	157	551円65銭	区費（大小便所64・大便所8・小便所85）	12円
合計	1301	5737円36銭		

（註）明治19年「拾五区内路傍便所員数并収支高調書」（『東京市史稿』市街篇第七十一）より作成。

五六）での幾度かの審議を経て、原則として昼間の糞尿運搬は禁止であるが、「臭気ノ発散セサル容器ト認ムル者ハ情願ニ依リ」（『東京市史稿』市街篇第七十二）許可する方向で決定をみたのである。

明治十一年（一八七八）十一月二日の「郡区町村編制法」により、東京府では大区小区制が廃止され、旧市域に十五区を設置した。同十九年八月、東京市は粗製乱造の状態であった「街頭便所」を改良して統一し、その構造や設置場所の適正化を図っていくことになった（『東京市史稿』市街篇第七十一）。このなかで、表14に示したように、十五区内には「街頭便所」が合計で一三〇一カ所あり、その糞尿売却収入は一カ年で金五七三七円三六銭であったことが記されていた。そして、旧来の便所一カ所あたりの建築費は金五円～金二五円の間であり、いずれも粗造のものであったことが報告されていた。そこで今後、「街頭便所」の改良に取り組めば経費が増えることになるが、旧来の便所の数を減らし、あるいは設置場所の位置を改めて清潔に維持することが指示された。

このなかで、明治二十年（一八八七）三月、街頭便所には夜間の照明がなく物騒で不潔を助長していたので、旧来の便所や改修便所の差別なく、明治二十年度より点灯することが東京市十五区と荏原・南足立・北豊島・南豊島の四郡に通達された（『東京市史稿』市街篇第七十二）。そして、この照明の周りは硝子《ガラス》板とし、その中央に二寸幅の赤色横筋を書き入れることが命じられた。

同年六月には、警視総監の三島通庸《みちつね》と東京府知事の高崎五六との連名で、従来、糞尿船繋留所と塵芥汚泥捨場の定めがなかったので、麹町以下十二区内に糞尿船繋留所、深川区内に塵芥汚泥捨場を設定することにした（『東京市史稿』市街篇第七十二）。つまり、それまで糞尿船は東京湾や河川に自由に繋留して糞尿の積み込みをしていたが、衛生上の問題があるためその場所を限定することにしたのである。

また、明治二十三年（一八九〇）三月十三日、東京府知事の高崎五六は、「本市街頭便所ハ、市会ノ議決ヲ経テ、明治二十三年度ヨリ各区ノ所属トス」（『東京市史稿』市街篇第七十九）と通達し、東京市の市街便所が各区の所管となった。こうして、都市の公衆トイレが自治体の所管となり、公衆衛生の改善に取り組まざるをえなかったのである。

そこで、その後の糞尿の行く末を概括しておきたい。明治三十三年（一九〇〇）三月七日、汚物清掃法が公布された。開港以降、貿易の拡大とともに伝染病が蔓延し、同三十二年にはペストが神戸に上陸していた。このため、同三十年の伝染病予防法、同三十二年の海港検疫法に次ぐ予防対策として出されたものである。その第一条で、清掃すべき汚物は塵芥・汚泥・汚水・糞尿と定義し、収集した汚物の処分は市の義務とし、処分に伴う収入は市に帰属するとした。これが町村においても準用された。ただし、糞尿は都市住民にとって貴重な収入源であったため、糞尿の市による収集・処分は当面猶予することとし、糞尿売却代金はそのまま住民に残してその反発を解消した。

大正時代に入ると、農業用地の減少や化学肥料の普及によって下肥の需要と供給のバランスが崩れはじめ、大正八年（一九一九）、東京市は市営による糞尿の汲み取りを開始することになった。糞尿を合理的に処理するには下水道が最善であるとの意見が出ていたが、膨大な費用の捻出が難しく、一部地域を除いて実現しなかった。しかし、少しずつ糞尿の下水処理研究が進められ、大正十一年に三河島汚水処理場で糞尿を希釈して下水道による放流を試し、昭和八年（一九三三）に東京市清掃局綾瀬作業所が完成し、その翌年から糞尿の下水処理を開始した。

いっぽう、昭和九年（一九三四）に旧東京市全域、同十一年に葛飾区と世田谷区の一部を除いて、市営による糞尿汲み取りが開始された。東京市によって集められた大量の糞尿はその受け入れ可能地域が拡大していくことになり、埼玉・千葉両県の農村までもがその対象となった。都市部から離れた地域に大量の糞尿を運び出す必要があるため、鉄道を利用した糞尿運搬がおこなわれるようになったが、それでも処理しきれなくなって同十二年からは糞尿を東京湾に廃棄する海洋投棄もはじまった。

戦後の昭和二十五年には旧市域と旧郊外の計画を統合した新しい下水道基本計画である「東京特別都市計画下水道」（のちに「東京都市計画下水道」）を決定し、東京の下水道計画の一元化が実現した。同三十三年には新下水道法が制定され、下水道事業は国の重点事業として実施されるようになった。その後、高度経済成長に伴い、水質汚濁が進行すると、同四十五年のいわゆる「公害国会」で下水道法が一部改正され、公共用水域の水質保全に寄与することも下水道の役割とされた。東京都区部の下水道普及事業は着実に進み、平成六年（一九九四）末には一〇〇パーセント普及がおおむね達成されたのである。

終章　江戸の糞尿・トイレの両義性

江戸のトイレは屋敷ごとに設置されていたが、その人口の増大化と生活文化活動の活発化とともに自宅外での排泄を受け入れる多様な形態のトイレを必然化させた。それまで屋敷内のトイレはその汚さや臭さからその片隅に位置づく「裏」の存在であったが、外で使用するトイレは巨大人口の往来での行動を背景に賑わいのある道路や盛り場の目立つ場所に設置される「表」の存在となっていった。このように、トイレはそのありようによって真逆の認識となりうるものであった。

そうした自宅外のトイレの代表的なものといえば公衆トイレということになるが、下肥需要の拡大とともに江戸周辺農村の農民たちや江戸の町人たちによって設置されていった。しかし、糞尿自体が人々に「汚穢《おわい》」「臭穢《しゅうわい》」などと認識されていたように、そのトイレ自体もこれを受け入れる江戸の住人たちからすれば生活・営業上歓迎すべきものではなく、「不浄」「目障《めざわり》」などと嫌われ、その許可は簡単なものではなかった。公衆トイレは都市のインフラとして必要不可欠なものであったが、町奉行所が江戸町人たちを説得する形で少しずつ増えていった。

いっぽうで、江戸時代を通して江戸の町の糞尿は、よく知られているようにその周辺農村の下肥として利用されていた。ところが、その前期、江戸住人からすれば糞尿は廃棄物であり、江戸周辺の農民たちに引き取ってほしいものであった。しかし、その中期以降は江戸周辺農村が都市の生鮮野菜を供給する必要から、江戸の糞尿がその肥料として着目されるようになった。この結果、江戸の糞尿は下肥として商品価値を帯びるようになり、下肥の価値が一変することになった。江戸周辺農村が江戸の生鮮野菜の生産地としての役割が大きくなるにしたがい、その村々は下肥の確保のために互いに競争せざるをえなくなり、必然的に下肥値段を高騰させてしまったのである。

このことは、江戸周辺農村の農業経営を苦しめることになり、多くの村々が結束して下肥値段の値下げ運動に参加していくことになった。しかし、その背景に下肥需要の拡大があり、下掃除先の確保をめぐって農民同士が競争する構図に変化はなく、農民たちが望む下肥値段に引き下げることは困難であった。村々で下肥値段値下げのための議定書を何度取り交わしても、その約束を無視する者たちを一掃することはできなかった。下肥値上がりの原因について、農民側は江戸住民が下肥値段を引き上げたからと主張したが、江戸住民は農民側が下肥の確保のために値段を引き上げて買い取ることになったからと主張した。この問題を提訴された町奉行は、下肥価格の高騰は農民側の下肥値段の糶《せ》り上げが原因との判断を下し、農民側が下肥価格を引き上げないような仕組みづくりの構築を勧めた。

しかし、下肥の商品化とともに下掃除業は市場経済に巻き込まれ、その営業形態は多様化が進んでいった。寛政期に江戸の各屋敷から糞尿を汲み取ることができる者は農民に限定されたが、そのなかには自家消費のためだけの下掃除人もいれば、多くの下掃除先を抱えて江戸の下肥を買い集めて下肥仲買人となって小売商人に売却する者たち、そしてこれらの直接取引が禁止されると下肥問屋が媒介するようになった。また下掃除先を持たずに下肥を買い集めて下肥商売に従事する者たち、あるいは「振り」と呼ばれる不正規の下肥商人たちもいた。さらに公衆トイレの設置については農民のみならず、江戸の町人たちのなかからもそれに参入する者たちがおり、また江戸の各屋敷の下掃除人（農民）の下請となって糞尿の回収に従事する者たちもいた。このように、さまざまな業態の下肥商売が登場するようになり、下肥値段引下げのためにこれらを一律に取り締まることは不可能であった。

こうして、江戸における下肥の売買や公衆トイレの設置をめぐって、江戸の町とその周辺農村とは反目し合うことになったが、そうした状況のもとでも都市と農村の共生も育まれていったのである。その構造は二項対立のような単純な構図ではなく、江戸住人たちもその周辺農民たちも、それぞれの立場のなかでまとまっている部分もあれば、多様な考え方によって分かれている部分もあった。

また支配関係からいえば、江戸町人たちを支配していたのは町奉行であり、また直轄領農村を支配していたのは代官や勘定奉行であったが、農民たちが江戸の町に関する願い事や訴えを勘定奉行に起こしても、勘定奉行は町方の支配にはかかわれないため、町奉行にその内容を引き渡して対応してもらうというように複雑であった。このように、江戸の町と周辺農村との間には支配上の分断は存在したが、単なる行き来だけでなく、その商売上に伴う行動も自由が保障されており、そうした側面があるからこそ両者は共生し、物質も循環できたのである。

そして、江戸のトイレをめぐる衛生問題についても言及しておきたい。江戸の町では江戸時代を通して放尿習慣がなくなることはなかったが、少しずつ改善されていった。江戸時代中期以降、小便所ができるようになってからもその小便は河川や下水などに流し捨てられていたが、しだいに下肥利用のため肥壺に小便を溜める小便溜桶が普及していった。また天保期からは陶器製の小便器も普及していき、トイレの衛生環境も徐々に良くなり、小便の放尿問題も少しずつ改善されていった。

江戸時代後期以降、行動文化の活発化とともに公衆トイレの設置も増えていき、インフラの整備に拍車がかかっていった。江戸周辺農村の農民たちや江戸の町人たちが公衆トイレの設置人となり、町方の商家などから苦情の多い公衆トイレの設置を町奉行所の支援によって増やしていき、都市衛生の改善に貢献することになったのである。この流れは近代社会へと受け継がれていったが、個人が公衆トイレの設置人であるかぎり、トイレの衛生問題はその解決が困難であった。しかし、明治十年代からこの問題に東京市が積極的に乗り出すことになり、同二十年代になると東京市内の街頭便所は各区の所管となり、公衆衛生の改善を推し進めることになったのである。

このように、江戸の糞尿は人々によって「迷惑」「邪魔」と認識されながら、もっとも「重宝」されてもいた。つまり、江戸の糞尿は「廃棄物」から「有用財」までの振り幅があったのである。この糞尿の両義的意味合いは、トイレにも通じ、必要なものでありながら嫌われてもいたのであり、そのなかにあって江戸の糞尿やトイレの多岐にわたる歴史や文化が刻まれてきたのである。

主要参考文献

〈史　料〉

歌川広景「江戸名所道化尽」、筆者蔵
『江戸町触集成』（近世史料研究会編）第一巻～第二十巻、塙書房、一九九四～二〇〇六年
『絵本柳樽選集』第一巻～第六巻、太平書屋、一九八七～二〇〇六年
「鹿の子餅」『安永期　小咄本集　近世笑話集（中）』（岩波文庫）岩波書店、一九八七年
曲亭馬琴「羇旅漫録」『日本随筆大成』第一期第一巻、吉川弘文館、一九七五年
『近世風俗志（守貞謾稿）』（一）（岩波文庫）岩波書店、一九九六年
佐藤信淵『経済要録』（岩波文庫）滝本誠一校訂、岩波書店、一九六九年
『新編武蔵風土記稿』第一巻～第十二巻、雄山閣、一九七七年
『大日本近世史料　市中取締類集』一～三（復刻版）、東京大学出版会、一九九九年
『大日本近世史料　諸問屋再興調』三、東京大学出版会、一九六一年
寺島良安『和漢三才図会一五』（東洋文庫五一六）平凡社、一九九〇年
『日本近代立法資料叢書二八～撰要永久録　御触留一～四』社団法人商事法務研究会、一九八六～八七年
『日本産育習俗資料集成』第一法規出版、一九七五年
『日本書紀』（新訂増補国史大系第一巻上）前篇、吉川弘文館、一九九二年
『日本庶民文化史料集成』第十三巻・芸能記録（二）、三一書房、一九七七年

『誹風　柳多留全集』第一巻～第十二巻・別巻・索引篇、岡田甫校訂、三省堂、一九七六～八四年
『噺本大系』（武藤禎夫編）第五巻、東京堂出版、一九七五年
「北斎漫画」十二編、法政大学図書館蔵
『未刊随筆百種』（三田村鳶魚編）第六巻、中央公論社、一九七七年
「武蔵国多摩郡中野村名主堀江家文書」、東京都立付属図書館蔵
「明良帯録」『新訂増補史籍集覧』第十二冊・武家部法制経済編、臨川書店、一九六七年
「類集撰要」国立国会図書館デジタルコレクション

〈自治体史〉

『市川市史』第六巻上、市川市史編纂委員会編、吉川弘文館、一九七二年
『江戸川区史』第一巻、江戸川区、一九七六年
『江戸川区史』（東京都江戸川区、一九五五年
『大田区史』（資料編）平川家文書一～二、東京都大田区、一九七五～七六年
「河渠志」『東京府志料』巻之三、東京府、一八七二年
『北区史』資料編近世二、東京都北区、一九九五年
『北区史』通史編近世、東京都北区、一九九六年
『越谷市史三』史料一、越谷市役所、一九七三年
『小平市史料集』第一九集・村の生活五、小平市中央図書館、二〇〇六年
『品川区史』続資料編（一）、東京都品川区、一九七六年

『新修荒川区史』上、荒川区、一九五五年
『新修渋谷区史』上巻、渋谷区、一九六六年
『新修世田谷区史』上巻、東京都世田谷区、一九六二年
『新編埼玉県史』資料編一六　近世七　産業、埼玉県、一九九〇年
『新編千代田区史　通史編』、東京都千代田区、一九九八年
『須原家文書』一〜十、江戸川区教育委員会、一九八三〜九二年
『世田谷区史料』第三集〜第四集、東京都世田谷区、一九六〇〜六一年
『世田谷区史料叢書』第一巻〜第八巻、世田谷区立郷土資料館、一九八五〜九三年
『世田谷叢書　下掃除関連史料』第七集、世田谷区立郷土資料館、二〇一三年
『増補葛飾区史』上巻、葛飾区、一九八五年
『台東区史』通史編Ⅱ、東京都台東区、二〇〇〇年
『田島家文書』第九巻、東京都教育委員会、一九七八年
『田無市史』第一巻　中世・近世史料編、田無市、一九九一年
『調布市史研究資料編Ⅶ　調布の近世史料』下、調布市、一九八七年
『東京市史稿』産業篇第三十三〜三十八、東京都、一九八九〜九四年
『東京市史稿』市街篇第四十〜八十三、東京都、一九五三〜九二年
『東京市史稿』造園篇第四、東京市役所、一九三二年
『徳丸本村名主（安井家）文書』文化財シリーズ第二十三集〈郷土史料集〉、第二巻、板橋区教育委員会、一九七六年
『豊島区史』資料編二、東京都豊島区、一九七七年

『豊島区史』通史編、豊島区、一九八一年
『中野区史』上巻、中野区、一九四三年
『練馬区史』東京都練馬区、一九五七年
『府中市の近世民政資料集』、東京都府中市、一九六九年
『船橋市史』史料編一、船橋市、一九八三年
『武蔵国豊島郡角筈村名主渡辺家文書』第一巻〜第六巻、新宿区立歴史博物館、一九九一〜二〇〇一年
『武蔵国土支田村小島家文書』、練馬区教育委員会、一九九三年
『武蔵野市史』資料編、武蔵野市編纂委員会、一九六五年
『武蔵野市史』武蔵野市役所、一九七七年
『八潮市史』通史編Ⅰ、八潮市役所、一九八九年

〈参考図書〉

朝日新聞出版編『江戸の暮らしと仕事大図鑑』（歴史道ｖｏｌ・２）、朝日新聞出版、二〇一九年
飯島吉晴『竈神と厠神―異界と此の世の境』人文書院、一九八六年
伊藤好一『江戸の夢の島』（江戸選書９）吉川弘文館、一九八二年
エンゲルベルト・ケンペル（今井正翻訳）『日本誌』上巻、霞ケ関出版、一九七三年
大田区立郷土博物館編『トイレの考古学』東京美術、一九九七年
楠本正康『こやしと便所の生活史―自然とのかかわりで生きてきた日本民族』ドメス出版、一九八一年
「ごみの文化・屎尿の文化」編集委員会・廃棄物学会ごみ文化研究部会・ＮＰＯ日本下水文化研究会屎尿下水研究分科

会編『ごみの文化・屎尿の文化』技報堂出版、二〇〇六年
屎尿・下水研究会編『トイレ―排泄の空間から見る日本の文化と歴史』（シリーズ・ニッポン再発見四）、ミネルヴァ書房、二〇一六年
花咲一男『江戸かわや図絵』太平書屋、一九七八年
花咲一男『江戸厠百姿』三樹書房、二〇〇八年
林望『古今黄金譚―古典の中の糞尿物語』（平凡社新書）、平凡社、一九九九年
湯澤規子『ウンコはどこから来て、どこへ行くのか―人糞地理学ことはじめ』（ちくま新書一五二三）、筑摩書房、二〇二〇年
渡辺善次郎『都市と農村の間―都市近郊農業史論』論創社、一九八三年

〈論　文〉

有薗正一郎「一六世紀後半から一九世紀に日本に訪れた外国人が記述する日本庶民の人糞尿処理」『愛大史学』第二七号、愛知大学文学部人文社会学科、二〇一八年
岩淵令治「近世都市のトイレと屎尿処理の限界」『歴史と地理』第四八四巻、一九九五年
熊澤徹「江戸の下肥値下げ運動と領々惣代」『史学雑誌』（公益財団法人史学会）第九四編第四号、一九八五年
澤登寛聡「江戸近郊地域の下肥流通と荒川筋下掃除船仲間」『文化財研究紀要』第一集、（東京都教育委員会）一九八七年
陳羿秀「山雲子の著作について」『近世文藝』第九九号、二〇一四年
長尾政憲「江戸近郊農村としての徳丸本村の野菜栽培」『徳丸本村名主（安井家）文書』第三巻、一九七七年

根崎光男「江戸の下肥と屎尿観」『人間環境論集』第九巻第一号、法政大学人間環境学会、二〇〇八年
根崎光男「江戸の『公衆トイレ』と衛生環境」『日本歴史』第八九二号、日本歴史学会編、二〇二二年
根崎光男「江戸の『公衆トイレ』と都市衛生」『人間環境論集』第二三巻第一号、法政大学人間環境学会、二〇二二年
根崎光男「江戸の都市性と『公衆トイレ』」法政大学江戸東京研究センター編『新・江戸東京研究の世界』〔ＥＴＯＳ叢書四〕、法政大学出版局、二〇二三年
根崎光男「江戸における『公衆トイレ』の成立・展開とその利用」『人間環境論集』第二四巻第一号、〔法政大学人間環境学会〕、二〇二三年
三俣延子「都市と農村がはぐくむ物質循環―近世京都における金銭的屎尿取引の事例―」『経済学論叢』同志社大学、第六〇巻第二号、二〇〇八年
森朋久「江戸近郊農村における物資流通」『かつしかの道総合調査報告書』〔葛飾区文化財専門調査報告書三〕、葛飾区教育委員会、一九九三年
湯澤規子「『下肥』利用と『屎尿』処理―近代愛知県の都市化と物質循環の構造転換―」『農業史研究』第五一号、二〇一七年

あとがき

私は、およそ二〇年前、一〇〇万人を超える江戸の町であれば、公衆トイレが存在したのではないかという何の根拠もない臆測を持ちはじめた。その後、環境史研究の史料収集のなかで、天明四年（一七八四）四月の江戸周辺農民らによる江戸の町への「小便溜桶設置願」に関する町触と出会った。江戸の「公衆トイレ」史料であることはすぐにわかったが、江戸の町にはすでに一六〇カ所余りの「小便所」が設置されており、その存在に対して町方住人が大変きびしいマイナス評価を下していたことに驚いた。

しかし、その後も公衆トイレ史料に触れることはほとんどなかったが、浮世絵資料を眺めていて歌川広景の「江戸名所道化尽廿八　妻恋こみ坂の景」（安政六年制作）と偶然にも出会うことになった。「江戸名所」を冠していながら、ゴミ坂とトイレを中心に描いていることに衝撃を受けた。そのトイレのなかには相合傘や男性の顔、男性器などの落書きが描かれており、江戸時代からこのような落書きが存在したのかと強烈な印象を受けた。このあと、NHK総合のテレビ番組「ブラタモリ」で「江戸のゴミ」（二〇一一年三月三日放映）がテーマとなった際に出演依頼があり、神楽坂と市ヶ谷（いずれも現東京都新宿区）のゴミ坂を訪ねるなかでこの浮世絵を取り上げて解説した。寒い真冬の収録であったが、タモリさんとゴミ坂やトイレの落書きについて談笑し、また法政大学での教室（旧五五年館四〇一教室）授業の体裁をとった「江戸ゴミ講座」の開講により、まさに記憶に残るロケとなった。

その後も、のらりくらりと史料収集を継続していたが、たまたま動物史料の収集のなかで大和（現奈良県）郡山藩主柳沢（松平）信鴻の「宴遊日記」を見ていて、トイレの記事をいくつか見つけ、少しずつ研究の拍車がかかっていった。何より隠居大名がみずからの排泄をこれほど詳細に書き留めていることに驚き、分厚い史料集を二度読みすることになった。

本書の原稿を執筆するなかで、少年期の自宅トイレを思い出すことが何度かあった。私は、一九五四年、茨城県の霞ケ浦に面したのどかな農村地帯で生まれた。霞ケ浦越しに富士山や筑波山を眺め、その水面にワカサギ漁の帆掛け船が幾艘も浮かぶ光景は今でも鮮明に覚えている。

少年期、私の実家では、茅葺屋根の母屋の西側に別棟のトイレがあり、夜間にトイレに行くのが怖かったが、農家では野良着・土足のまま入れる屋外の便所が何より便利であった。当時、我が家では「便所」と「手水場」の両方で呼んでいたが、地面に穴を掘って肥壺を埋設した和式便所、いわゆる「ぼっとん便所」であった。トイレットペーパーはちり紙であったが、それがなくなると雑誌や新聞紙で間に合わせることもあった。

トイレに溜まった糞尿は、肥壺から柄杓ですくい取って木製の肥桶に入れ、今は亡き母とともに天秤棒を使って屋敷畑の片隅に設けられていた肥溜に運んだ。小学生のときに駆け回っていて、一度だけ肥溜に足首を踏み入れてしまった苦い経験がある。そこで一定期間熟成させると、肥桶にすくい取って屋敷畑で栽培している野菜類の下肥として利用していた。隣近所でも同じように処理していたが、臭いが漂ってくるのでそうした作業はすぐに気付くことになった。

さすがに、一九六〇年代から七〇年代にかけて、私の郷里では田畑の肥料として主に化学肥料を用いていたが、自家用の馬屋肥のほか、近所の養鶏農家から分けてもらった鶏糞、そして山林から採集した落ち葉を堆積してつくった腐葉土も利用していた。それと、屋敷畑の一角には堆肥場がつくってあり、藁などを堆積して熟成させ、ここに野菜くずなども捨てていた。一年中、肥料づくりがおこなわれていたのである。なお、屋敷畑以外に下肥を利用することはなかった。当時、我が家では田んぼで稲、畑では主にミツバやそら豆を作付けしており、学校が休みの時には姉兄とともに手伝うことがあった。

一九七〇年代前半、実家では母屋を建て替えることになり、その結果瓦葺きの母屋内にトイレが設置されることになった。当初は和式便所であったが、いつの間にか洋式便所にかわっていた。そして、糞尿も業者に頼んでバキュームカーで汲み取られていた。母屋建替えの一年前に郷里を離れた私は、実家のトイレが和式便所から洋式便所へ、また屋敷畑への下肥施肥からバキュームカーによる汲み取りへの移行について、正確な時期を知らない。盆・暮には大体帰省していたのだが、気づいたときにはかわっていた。

こうして一応書き終えてみると、江戸のトイレ事情にまだ踏み込めていない部分があることに気づくが、これまでの研究成果の中間報告としてお読みいただければ幸いである。歴史研究者にとって、史料収集は永遠に尽きることのない活動であり、今後も引き続き継続していきたいと考えている。

それにしても、コロナ禍のここ三年間、当初は授業や会議、さらには学会活動や講演もオンラインであり、所蔵先の史料閲覧なども控えざるを得なかった。しかし、ようやく対面による諸活動が再開されるようになり、かつての日常を取り戻しつつある。そのなかで、各機関のデジタルアーカイブの閲覧は在宅での貴重な史料収集の機会であり、またそれまで蓄積しておいた史資料を確認するよい機会でもあった。オンラインの便利さを知ったいっぽうで、やはり対面活動の重要さも再認識させられることになった。

昨年夏、ある歴史雑誌からの依頼で、それまで集めてきたトイレ史料を用いて短い論文を書いた。同成社の佐藤涼子さんがこの論文に目をとめていただき、本書執筆の声をかけてくださった。それがなければ、本書をまとめることはなかったかもしれない。執筆途中、何度か連絡をいただくことになったが、これもひとえに佐藤さんの見守り?のお蔭と感謝している。私個人としては、「同成社江戸時代叢書」の三冊目の本となるが、いつも研究をまとめる機会をいただいており、感謝に堪えない。

最後に、本書をまとめるにあたって、史料や図書の閲覧にご協力いただいた各機関にあらためてお礼申し上げます。また研究仲間の皆さんやコロナ禍にあっても身近で支えてくれている家族にも感謝の意を表したい。

二〇二三年五月七日

根崎　光男

大江戸《おおえど》トイレ事情《じじょう》

■著者略歴■

根崎　光男（ねさき・みつお）

1954 年　茨城県に生まれる。

1983 年　法政大学大学院博士後期課程単位取得。

現在、法政大学人間環境学部教授。博士（歴史学）。

主要編著書

『将軍の鷹狩り』同成社、1999 年。

『生類憐みの世界』同成社、2006 年。

『江戸幕府放鷹制度の研究』吉川弘文館、2008 年。

『「環境」都市の真実―江戸の空になぜ鶴は飛んでいたのか―』講談社、2008 年。

『犬と鷹の江戸時代―〈犬公方〉綱吉と〈鷹将軍〉吉宗―』吉川弘文館、2016 年。

2024 年 1 月 5 日発行

著　者　根 崎 光 男

発行者　山 脇 由 紀 子

印刷者　亜細亜印刷㈱

製　本　協 栄 製 本 ㈱

発行所　東京都千代田区平河町 1-8-2
〒102-0093 山京半蔵門パレス
TEL　03-3239-1467 振替 00140-0-20618
㈱同成社

©Nesaki Mitsuo 2024. Printed in Japan

ISBN978-4-88621-928-2 C1321